国語授業の「個別最適な学び」と「協働的な学び」

主体的な学びを支える「ロングレンジ」の学習活動

水戸部修治 著

明治図書

まえがき

日々の教育実践に当たられるなかで、子供たちが多様化し、授業の展開が難しいと悩まれる教師が多くおられるのではないでしょうか。「個別最適な学び」と「協働的な学び」を実現するという方向性がその重要な手掛かりになりますが、それを国語の授業でどう具体化していくのかということは、まだまだ研究開発の途上にあると思われます。

しかし近年、むしろ個人差を生かし、子供たちが自律的に学び進めていく質の高い授業づくりが大きく進展しています。そのカギになるのがロングレンジの学習活動です。逐一の指示や発問で進むのではなく、魅力的な目的に向かって自律的に学び進め合う子供たちの姿を実際にご覧になった方々が「自分のクラスの子供たちもこんなふうに学べるようにしたい」という思いをもたれてひたむきに実践の工夫を積み重ね、着実に授業改善が広がっているのです。こうした優れた先行の実践を自らの授業改善に生かすためには、実践の表面だけではなく、その意図を押さえ、子供たちの実態に合わせて活用を図ることが求められます。本書はそうした授業改善を進めたいと願う関係の皆様の取組の一助になればとの思いで執筆を進めたものです。

本書の刊行に当たり、事例の参考とすること及び実践の写真の掲載を快諾いただきました、京都市立下京渉成小学校、糸満市立糸満小学校、また優れた実践の写真掲載を快諾いただきました、金沢市立小立野小学校、京都市立第三錦林小学校、京都市立朱雀第七小学校、木津川市立棚倉小学校、枚方市立招提小学校、伊江村立伊江小学校、石垣市立新川小学校の皆様に、この場をお借りしまして深く感謝申し上げます。また末筆になりますが、本書を執筆・刊行する機会をいただきましたことに深く感謝申し上げます。

なお、本書はこれまでに公表してきた、「小学校国語科における個別最適な学びと協働的な学びの実現に向けた検討―ロングレンジの学習活動を位置付けた授業実践の開発―」「ベルリン市の基礎学校段階におけるドイツ語教育の現状」（いずれも『京都女子大学発達教育学部紀要』に掲載）を踏まえ、授業実践に関わる読者の皆様の参考となるよう大幅に加筆したものです。

京都女子大学教授　水戸部修治

二〇二三年三月

目次

第1章　個別最適な学びと協働的な学びと国語科の授業づくり

第2章　主体的な学びを支える「ロングレンジ」の学習活動

第3章　「ロングレンジ」の学習活動へのステップ

第4章　「ロングレンジ」の学習活動を支える授業デザイン

第5章　「ロングレンジ」の学習活動を取り入れた授業構想例

第1章

個別最適な学びと協働的な学びと国語科の授業づくり

第1節　中央教育審議会答申を読み解く

▼個別最適な学びとは

　個別最適な学びが意味するところを押さえるためには、原典である令和三年一月の「『令和の日本型学校教育』の構築を目指して～全ての子供たちの可能性を引き出す、個別最適な学びと、協働的な学びの実現～（答申）」（以下、中教審答申）を確認することが大切です。ここでは、「第Ⅰ部　総論」で、子供たちの多様化の現状として、特別な支援を必要としている子供の増加、外国人児童生徒や日本語指導を必要としている児童生徒の増加、経済的に恵まれない子供の増加等を指摘した上で、「3．2020年代を通じて実現すべき『令和の日本型学校教育』の姿」、「⑴子供の学び」において、「個別最適な学び」を次のように規定しています。

○ 全ての子供に基礎的・基本的な知識・技能を確実に習得させ、思考力・判断力・表現力等や、自ら学習を調整しながら粘り強く学習に取り組む態度等を育成するためには、教師が支援の必要な子供により重点的な指導を行うことなどで効果的な指導を実現することや、子供一人一人の特性や学習進度、学習到達度等に応じ、指導方法・教材や学習時間等の柔軟な提供・設定を行うことなどの「指導の個別化」が必要である。

○ （中略）教師が子供一人一人に応じた学習活動や学習課題に取り組む機会を提供することで、子供自身が学習が最適となるよう調整する「学習の個性化」も必要である。

○ 以上の、「指導の個別化」と「学習の個性化」を教師視点から整理した概念が「個に応じた指導」であり、この「個に応じた指導」を学習者視点から整理した概念が「個別最適な学び」である。

（傍線は筆者）

傍線部を中心に、個別最適な学びがどのようなものなのかを検討していきましょう。

▼支援の必要な子供に、より重点的な指導を行う

中教審答申において個別最適な学びが提言された背景として、前述のように、子供たちの多様化が挙げられます。地域や学校によって程度の差はありますが、日々子供たちと向き合って学習指導に当たられる先生方の多くが、例えばクラスに支援を要する子供が多くなっている、外国籍の子供や日本語指導を必要とする子供もいる、そして経済的に恵まれず、学習環境が整わないなかで学んでいる子供たちも増えている、そうした実感をおもちなのではないでしょうか。

子供たちの実態がある程度均質であれば、あるいは一定水準以上の子供たちだけを念頭に置いて指導するのであれば、個別最適な学びの実現は重要な教育課題ではないのかもしれません。しかし、多様な子供たち一人一人に丁寧な指導をしようとするのであれば、一律一斉の発問や指示だけでは十分ではなくなってきます。例えば単位時間の学習指導のなかで「全体で共有する」という学習場面は従来も多く位置付けられてきました。子供の優れた学びを発信したり広めたりする上で有効な場合も多いでしょう。しかし、例えば支援

を要する子供の姿を念頭に置けば、一斉場面で他者の発言を聞いて全員がすぐにもそれを理解し、自分のものとして活用できるとは限りません。かといって、機械的にペアやグループの学習活動を取り入れても、やはりなかなかうまくいかない状況も見られます。

個別最適な学びの姿は画一的なものではなく、多様に具体化されるものでしょう。そしてそうした学びの姿を実現させるための教師の手立ても様々です。どのような姿を描けばよいのか、そしてそのための手立てとしてどのような工夫をすればよいのか、そうしたことを考える際、中教審答申に指摘されているように、子供たちの現状が多様なものであり、そうした子供たち一人一人を大切にして指導するための工夫を考えるからこそ個別最適な学びの重要性が増すのだという前提を常に確認していくことが大切になります。

こうした、子供たちが個別最適な学びを実現するための教師としての手立てを工夫することは、確かに難しい教育課題です。しかし、そうした課題に正対した時にこそ、様々な突破口が見えてきます。実際、個人差が大きい学区域の先生方が素晴らしい授業改善を進めておられる状況も多々目の当たりにしてきました。また、支援を要する子供のための手立てを考えることは、より多くの子供たちが更に自律的に学べるようにするための手立てにもつながっていきます。

▼「個に応じた指導」を学習者視点から整理した概念が「個別最適な学び」

中教審答申が指摘しているもう一つの重要なコンセプトは、個別最適な学びが、あくまでも「学習者視点から整理した概念」であることを明確に示しているという点だと考えています。従来も、子供の側に立って学習指導を構想することの重要性は広く共通理解されてきました。しかし、いよいよ学習指導の具体の在り方を検討する場になると、いつの間にか、子供の勝手な解釈に任せてはいけない、ここはこう解釈させねば読ませたことにはならないといった、教師側の視点のみで語られてしまう状況もやはり散見されてきました。

学習指導の目的は、教師が教えることで完結するものではなく、子供がよりよく学ぶことでその実現に向かっていきます。「主体的・対話的で深い学び」の視点からの授業改善を進める際にも、教師が何をどう教えるかを吟味することが重要であると同時に、いえそれ以上に、子供が何をどのような意識で学ぶのかに配慮した学習指導の工夫改善が大切なものとなってきます。

これは、子供任せの放任授業を行うことを意味するものではありません。むしろ、子供たちが学ぶ目的や必然性を十分に意識できるようにする緻密な手立ての下に指導が成り立つものであり、教師の逐一の発問や指示で作業手順を進めさせる学習指導よりもはるかに丁寧な手立ての構想と実践の蓄積が求められます。

しかし逆に言えば、そうした手立てがとられていれば、子供たちの学びの質は変わってきます。教師の指示や課題の提示を待ってそれに従って進むことにとどまらず、自律的に思考・判断して学び進める姿が実現されていきます。

難しいのは、準備をすればするほど、「これを教えねば」と思ってしまい、子供が学ぶ姿が見えにくくなってしまう場合が多いことです。そんな時は子供の実際の学びの姿をつぶさに見てみましょう。教師が提示した学習課題や発問・指示に対して、一見それとずれた反応を示していると思われる子供のなかにも、自分にとっての課題意識をもちながら学びに向かっている姿が見られることが多くあります。しかし、教師が引き出したい反応ではないことから、それ以上学びが進みにくい状況に陥っているケースが見られるのです。

もしここで、もう少し子供の学びへの意識や必然性を重視し、学習課題に選択したり自己決定したりできる余地をもたせるなどの工夫ができれば、きっとそうした一見的外れな反応をしていると思われる子供も、ねらいに迫る学びを進めていくことができるでしょう。

▼指導方法・教材や学習時間等、子供自身が学習が最適となるよう調整する

中教審答申では、「子供一人一人の特性や学習進度、学習到達度等に応じ、指導方法・教材や学習時間等の柔軟な提供・設定を行うことなどの『指導の個別化』が必要である」ことや、「教師が子供一人一人に応じた学習活動や学習課題に取り組む機会を提供することで、子供自身が学習が最適となるよう調整する『学習の個性化』も必要である」ことなど「個に応じた指導」の重要性が改めて指摘されています。

例えば子供一人一人に応じた学習課題に取り組む機会を得て学び進められるようにすることで、前述のような子供も一層よさを発揮することが可能となります。また個に応じた指導を進める観点から、教材についても、例えば一律一斉に同じ作品の同じ場面を同じように読み進めるといった学習展開に限らず、子供の実態に応じて多様に工夫することが大切になります。

その際、個別最適な学びが学習者視点から整理された概念であることから、教材や学習課題を一方的に下ろされて学ぶのではなく、「子供自身が学習が最適となるよう調整する」

こと、つまり子供自身が教材を選んだり学習課題を決めたりすることができるような手立ての工夫が一層重要になるのです。

そうした指導を工夫しようとする場合、一人一人が取り組む内容がばらばらで本当によいのかという悩みは当然浮かび上がってくることでしょう。

このような思いを踏まえつつ、授業改善を躊躇せずに確実に進めるためには、当該単元や本時で本質的につけたい力は何かを常に問うこと、そしてそれを目の前の子供の姿で具体化することが必要です。教材しか見えない状態で授業を進めようとすると、当該の教材を教えねば、という思いが強くなります。しかし「教材を」教えるのではなく「教材で」教えるのだといったことはかなり以前から言われてきたことでもあります。「指導方法・教材や学習時間等の柔軟な提供・設定を行う」などの個に応じた指導は、教師が当該単元や本時でつけたい力を明確に、かつ深く把握することで可能となっていきます。

そして学習者視点の概念である個別最適な学びを進める上では、つけたい力を子供たちが必然性をもって学び取っていく姿として具体的に想定していくことが大切になります。つけたい力をいくら明確に押さえたとしても、それを教師側から一方的に教え込んでいくのでは、やはり子供たちが使いこなせる力として学び取ることが難しくなるからです。

第2節　国語科における個別最適な学びと協働的な学び

▼国語科の本質的な授業改善のなかで実現を目指す

中教審答申の個別最適な学びの趣旨を踏まえた上で、ここから国語科において個別最適な学びと協働的な学びをどのように実現すればよいのかを探っていきましょう。

重要なのは、あくまでも国語科の本質的な授業づくりや授業改善を進めていくなかで実現を目指すものであるということです。国語科の基本的な学習指導の枠組は、学習指導要領の教科目標の冒頭に次の通り明確に示されています。

> 言葉による見方・考え方を働かせ、言語活動を通して、国語で正確に理解し適切に表現する資質・能力を次のとおり育成することを目指す。
>
> （傍線は筆者）

この教科目標の傍線部に着目すると、国語科は言語活動を通して、資質・能力の育成を目指すことを基本的な枠組とする教科であることが分かります。すなわち、単元の授業構想レベルでいえば、

○当該単元で育成を目指す資質・能力を明確に把握すること。

○その資質・能力を育成するのにふさわしい言語活動を適切に選定すること。

が必要になります。

その上で、授業実践に際しては、目の前の子供の実態をつぶさに見つめて、育成を目指す資質・能力をより具体的に把握したり、子供たちにとってより魅力的な言語活動を工夫して指導の効果を高めたりすることとなります。

その際に重要になるのが、個別最適な学びと協働的な学びの実現を目指す授業づくりなのです。目の前の子供たちが多様な実態にあるということを踏まえれば、指導者側が育成を目指す資質・能力を、学習者が言語活動を通して学び取っていく過程や方法について、学習者自身が最適なものに調整できれば、より大きな効果が得られます。国語科の本質的な授業づくりを進めるなかでこそ個別最適な学びと協働的な学びが実現していきます。

▼「その学びは子供にとって必然性を実感できるものか」を問いながら授業構想を進める

次に挙げられるのが、「その学びが子供たちにとって必然性のあるものとなるようにする」ということです。中教審では、その審議の過程において、当初「個別最適化された学び」という表現を用いていましたが、最終的には「個別最適な学び」という表現が用いられています。前節で引用したように、個別最適な学びがあくまでも学習者視点から整理した概念であることを踏まえると、子供の意識とは無関係にこの教材はこう教える、といった教師側から一方的に下ろしてしまうような指導の在り方を求めるだけでは十分ではないでしょう。

子供にとって必然性を実感できる学びをどのように実現していくのかについては、第2章で詳述しますが、そうした学びの実現につながる指導を提供できているかを問うことが、個別最適な学びの実現に向けた教師の手立てとして重要になります。

例えば、一度書き出した学習指導案を読み返してみましょう。特に単元の指導過程や本時の指導について再確認してみましょう。私自身を振り返っても、構想当初は子供の側に立って単元計画を考え始めたつもりでも、いつの間にか自分がどう教えるか、あるいは導くかといった視点で授業を考えてしまい、子供がどう学ぶかを描けないままに計画を進めてしまうといったことが多々ありました。

また、子供の意識を重視したつもりでも、どうすれば想定するところに子供たちを誘導できるかといった視点で発問を考えたり、一定水準以上の子供だけを念頭に置いて、活動を設定したりすることもしばしばありました。

そうした場合に、一度つくった指導計画を、改めて子供の目線で見直すことが大変重要かつ有効なものになります。具体的に言えば、単元の各単位時間に計画している学習の目当て一つ一つが、子供にとって魅力的なゴールに向かう必然性をもてるものか、本時の目当てや学習活動の一つ一つが子供にとって何のためにその学習に取り組むのかを実感できるものとなっているかを確かめてみましょう。

とりわけ、クラスの国語が苦手な子供や支援を要する子供を思い描きながら、そうした子供たちにとっても、学ぶ価値や必然性を実感できる学習活動となっているかどうかという視点で改めて問い直したいものです。そして必要であれば、作成した指導計画を更に練り直してよりよいものにしていくといった手続きが、極めて重要なものとなるのです。

▼授業構想に基づき、子供が自律的に学び進めるための緻密な手立てを構築する

個別最適な学びは、子供一人一人が自分の学びを最適なものに調整しようとしつつ自律的に学んでいく姿として現れるものとも言えます。そうした学びは一見、教師の関与がなく子供任せのように思われる場合もありますが、そうではありません。前述の通り、むしろ逐一の発問や指示をつなげて子供を動かす学習指導よりも、はるかに緻密な教師の手立てを必要とするものとも言えるでしょう。

もちろんそうした手立ては多種多様ですが、子供たちが自律的に学べるようにするための手立てとして有効なものを蓄積していく、という視点が有効になります。

例えば、低学年でペア交流を行わせる際に、その手立てとして「①考えを書く」「②隣同士で交流する」といった手順で進めることがあります。また、「話し方名人」「聞き方名人」などの対話のポイントを列挙して確認させる場合もあります。ただ、その後の子供たちの対話の様子としては、それらがうまく効果を発揮しない場合が見られます。書いてから話させた方がよいと考えて先述のような手立てをとると、そもそも書けない子供がいた

り、書いたものをただ読み上げ合うだけになったりする状況に陥ります。また、「話し方名人」「聞き方名人」も対話のなかで使いこなせるものではなく、機能しないといったことになりがちです。「隣の人が説明したら、質問をする」などと聞き方のポイントを確認させても、実際の対話のなかで自然に質問できるわけではないからです。

更に、「私はこう思います。わけは○○だからです」「質問があります。なぜ○○なのですか」等の話型を示す場合もありますが、その話型を棒読みし合うような形骸化したやり取りに陥ることも多々見られます。そうした場合、「いくら手立てをとってもやっぱりうちのクラスの子たちは……」と思ってしまうこともあるでしょう。

そのような場合、改めて私たち自身が身近な人と対話する状況を想起してみましょう。常に対話の前に考えを書いたりもったりするわけではなく、また何らかの型通りに話すことを目指すわけでもないでしょう。むしろ対話に必要なのは何かを考えていくと、例えば「話したいという思いがいっぱいに膨らんでいるならいくらでも話せる」といったことに思い当たるでしょう。

子供の学ぶ目的や必然性を確認したり、「話し合いたい！」という思いを喚起する手立てを検討したりすることにより、子供たちの学びの姿は劇的に変わります。

▼「話すこと・聞くこと」「書くこと」「読むこと」の各領域における具体的な視点

これまでに踏まえてきたことを基に、また近年取り組まれている数多くの実践を基に、国語科の各領域の指導における個別最適な学びと協働的な学びを実現する授業づくりのポイントを、まず大づかみに挙げてみましょう。各領域の固有のポイントや、領域に共通するポイントが見えてきます。

《話すこと・聞くこと》

○子供が「このことを伝えたい！」「話し合う必要がある」と強く実感できる話題を選定する。
○単元内・単元間、更には教科間の関連を生かして話したり聞いたり、話し合ったりすることに繰り返し取り組む場を設定して習熟を図る。
○交流のモデルを動画で提示したり、自分が話している状況を録画して自己評価しやすくしたりするなどＩＣＴの積極的な活用を図る。
○スピーチや話し合いの目的を常に意識できるようにする。

《書くこと》

○子供が「このことを書きたい！」「伝える必要がある」と強く実感できる題材を選定する。

○当該単元で取り上げる文章の種類や特徴を子供たちと共有し、どのようなことを踏まえて書くのかについて見通しをもてるようにする。

○取材・構成メモや文章を相互評価する際の交流を実質化するための具体的手立てをとる。

○子供自身が必要性を実感して再取材、加筆修正等を行えるような試行錯誤の余地のある学習過程にする。

《読むこと》

○「この作品・資料を読み合いたい！」「作品の魅力や資料から得た情報を伝えたい」と強く実感できる文章を子供が手に取れるような緻密な手立てを工夫する。

○一律一斉の「発問で読み深めさせる」だけでは学びに向かいにくい子供たちがいることを前提に丁寧な指導を工夫する。

○本質的な指導のねらいを見極め、子供にとって魅力的で必然性のある言語活動のゴールを設定する。

第2章

主体的な学びを支える「ロングレンジ」の学習活動

第1節 ベルリン市のプロジェクト学習の実践

▼ベルリン市の授業改善の取組

個別最適な学びを実現する授業の在り方を考えるために、ここで国外の取組に目を向けてみましょう。ご紹介するのは、近年のベルリン市での授業改善の取組です。

ドイツは二〇〇〇年のＰＩＳＡの読解力の調査において二一位となり、日本より早く読解力低下という現状に直面しました。このＰＩＳＡショック以降、ドイツ連邦・各州・大学・研究機関・図書館そして初等中等教育機関において読解力向上に関する様々な取組が行われました。その中で注目に値するのがベルリン州立学校・メディア研究所（現在は機構改革により統合し、ベルリン・ブランデンブルグ州立学校・メディア研究所に改編）の取組です。

代表的なものとして「読み方実践ボックス」(Praxisbox Lesen)の開発と普及が挙げられます。開発当初スーツケース型をしていたことから別名「ＰＩＳＡスーツケース」とも呼ばれた、基礎学校(Grundschule)における読解力向上の教育実践のための教材集です。

この「読み方実践ボックス」では読解力について、次のように解説しています。

> テキストを読んだり理解したりすることは、読者の知識を活用しながら進む建設的な過程であるとされています。(中略)ですから、書かれた内容を解読して「意味を受け取る」だけの読者という従来の解釈とは決別する必要があります。そうではなく、読者は文章を読む際に自ら「文章に意味(意義)を与える」存在であると認識すべきです。理解という行為は、読者による構築行為に他なりません。(以下略)

この解説からは、読解力をより能動的な能力として捉えていることがうかがえます。

更に、子供たちが読んだお気に入りの本の内容や感想などを紹介する「本の小箱」「本の巻物」といった、ベルリン市内の基礎学校で取り組まれてきた効果的な読解力向上のための具体策を教材集という形で集約して提示しています。

▼多様な背景をもつ子供たちの増加と言語教育施策の重視

ドイツでは、移民を多く受け入れています。私が実地調査で訪問したベルリン市内の基礎学校でも、あるクラスは在籍する子供の九割がドイツ語を母語としていないという状況でした。ベルリン・ブランデンブルグ州立学校・メディア研究所や基礎学校での聞き取り調査においても、移民を背景とする子供の増加に伴い、子供たちの言語の能力に大きな差が生じているといったことが指摘されていました。

こうした課題を克服するために、ベルリン市では言語教育に大変力を入れています。施策としては、移民の背景をもった子供たちのための言語教育プログラム（BISS：言語と文字の教育プログラム）が大規模に進められました。

またベルリン市及びブランデンブルグ州では、州の学習指導要領として、ドイツ語とは別に、「各教科で行う言語とメディアに関する学習指導要領」がつくられています。この指導要領は二〇一六年に公表され、二〇一七年の夏休み明けの新学期から実施されています。その内容としては、各教科を通じて育成する言語能力や、それを具体化するテーマ例などで構成されています。また、六年生段階と一〇年生段階での到達目標も示されています。教育課程としては特定の時間を設けて実施するものではなく、例示されたテーマに関連の深い教科の学習で関連を図りながら指導することとされています。

この学習指導要領は、日本の学習指導要領でいえば、平成二〇年版の改訂以降、「第1章総則」に位置付けられている言語活動の充実に当たるものと言えるでしょう。それがベルリン及びブランデンブルグ州では、独立した学習指導要領となっていることからも、各教科の学習にも機能する言語能力の育成が目指されていることが分かります。

教員研修においても、メディアリテラシー、言語能力の育成など、この学習指導要領に示された内容を指導することができるように研修が進められています。ベルリン・ブランデンブルグ州立学校・メディア研究所はその研修の中枢も担っている機関です。研修では、どの教科の担当の教師も言語能力を育成していくのだという意識を高めていくことを重点としています。

ベルリンでは、こうした言語能力の格差の拡大に対応すべく、更に次のような実践の工夫も行われていました。

▼個人差に対応するプロジェクト学習の実践概要

ベルリンでは以前から、「学ぶ道のり」と呼ばれる学習指導スタイルが開発・実践されてきました。その特徴としては、

○学習の進度を子供たちにも認識できるように視覚化する。
○子供たちは共通のテーマに基づき、個々の興味・関心に応じて学びを進める。
○学習の進度に応じて、どのようなことを行っていけば学習のゴールに到達できるかを子供たちが見通せるように、学習の過程に応じて具体的な課題を「学ぶ道のり」として提示する。

といったことが挙げられます。その具体的な実践例として、テーマに基づいて合科的に取り組むプロジェクト学習があります。こうした学習指導では、子供たちの自己評価が重視されています。学習の最初の段階での自己評価、学習後の相互評価などを活用し、子供たちが自律的に学習できるようになることを目指しています。

私が参観したのは基礎学校の低学年のクラスでの、アフリカの生活に関する探究学習で

す。

調べる学習においては、クラス一律に進度を揃えることはせず、子供たちの個々の学習状況に合わせて進められるようにしています。こうした個別の進度による学習展開を支えるために、下の写真のように、読むことの学習（Lernweg Lesen）に関する掲示の工夫が見られました。

子供が好きな絵柄の円形のカードを決めて、現在学習している場所に貼り付け、今自分が取り組んでいることを視覚化します。クラスの子供たちの学習進度が教師にも子供同士にも、一目で分かるように工夫されたものです。

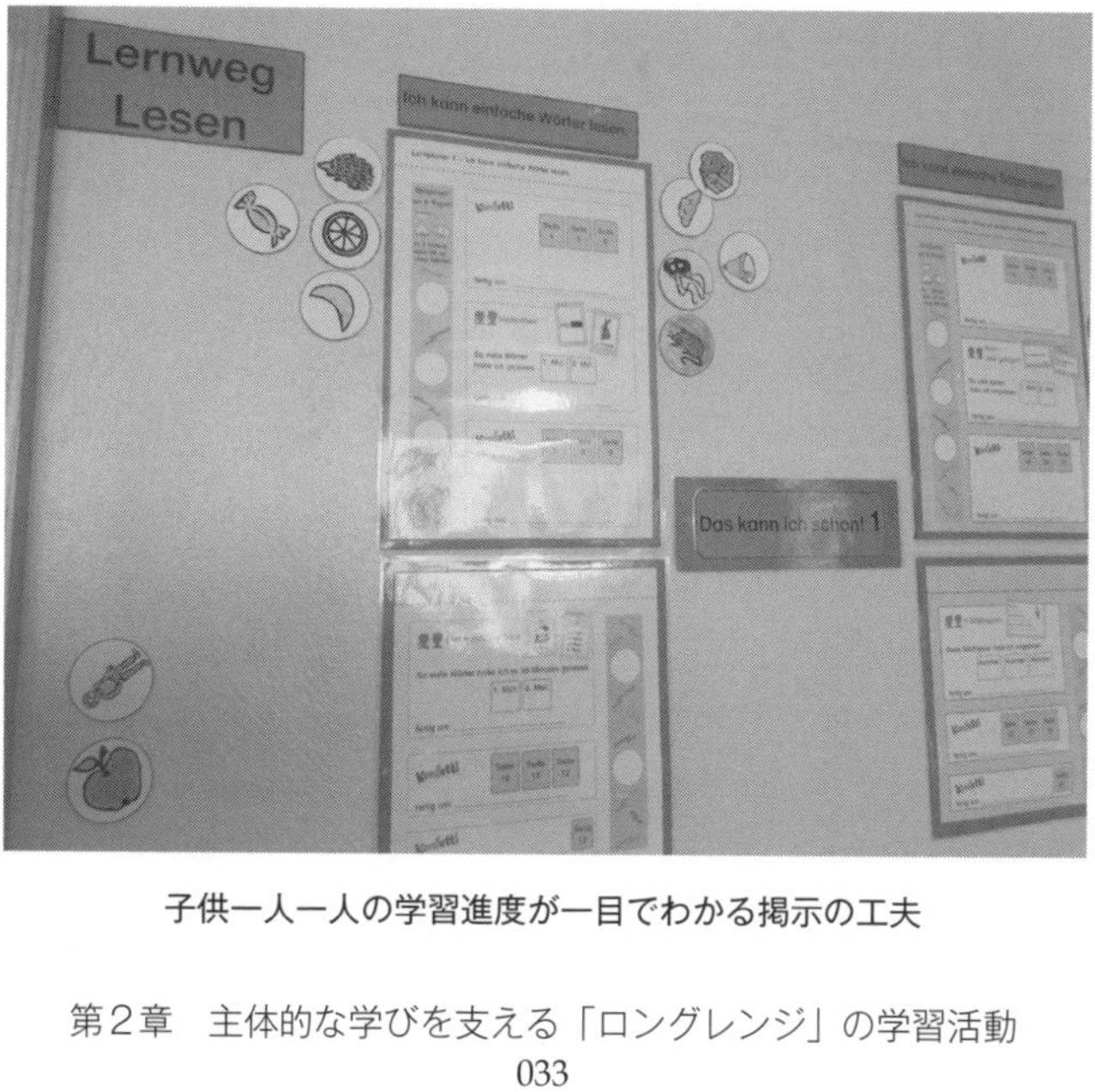

子供一人一人の学習進度が一目でわかる掲示の工夫

▼日本の国語科学習指導における個別最適な学びへのヒント

前述のような実践は、移民を背景とする子供の増加などによる言語の能力の格差に対応したものとも言えます。中教審答申が指摘するように、現在の日本の子供たちも極めて多様化している状況にあることを踏まえると、こうしたドイツの取組には学ぶところが多くあると考えられます。とりわけ個別最適な学びの在り方を検討する際にはヒントが豊富に得られそうです。

まず子供たちがどこに向かって取り組んでいくのか、学習のゴールが明確であり、かつ子供たちにとって魅力的なものとなっている点です。今回のプロジェクト学習では、ガーナから来訪者があるという機会を生かして、自分で興味をもって調べたり、調べても分からなかったことを直接質問したりして、それぞれの成果をまとめていく学習が展開されていました。

また次の写真のように、プロジェクト学習のテーマごとに「ラップブック」と名付けられた具体的な成果物として子供たちが学びの成果を実感できるよう工夫されていました。加えて、一人一人の学習成果を、年間を通して蓄積するファイルも活用されていました。

ファイリングされた資料には、「学ぶ道のり」のそれぞれの学習過程で、どのようなことができればよいのか、身に付けるべき能力が、子供たちにも分かるように具体的に示されたシートなどもありました。

更には、一人一人が自らの学習内容や進度を判断して学び進められるようにするとともに、前掲の写真のように、学習の進度が一覧できるような掲示を工夫したり、子供たちのペア学習を十二分に取り入れて、孤立した学びにならないよう留意したりしている点も、授業づくりのヒントになるものと考えます。

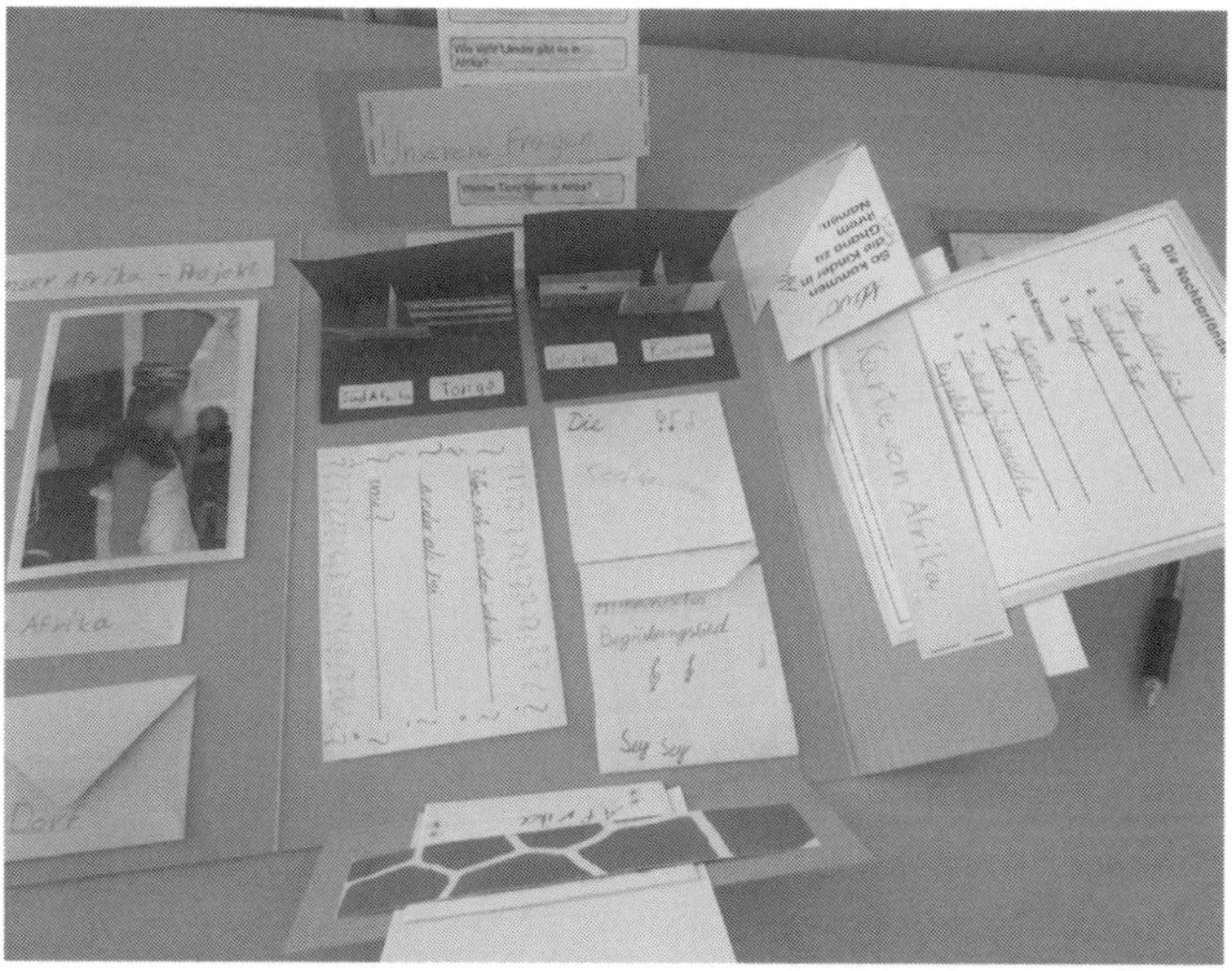

学びの成果を視覚化するラップブック

第2節
学びを自律的なものにするロングレンジの学習活動

▼ロングレンジの学習活動とは

私はこれまで非常に多くの学校や先生方と共同研究を行う機会をいただいてきました。一緒に授業づくりを進める先生方の授業を拝見するなかで、優れた実践にはいくつかの共通の特徴があることに気付くようになりました。特に子供たちの学びの姿として共通に見られるのは、子供たち一人一人が自律的に学ぶ姿です。教師の逐一の発問や指示に従って整然と動くというよりも、子供たちが明確な目的や課題意識をもって学び進めていく姿や、夢中で話し合いを続けている姿が精緻に実現しているのです。

またそのような学びの姿は、教師が細かく指示を畳みかけるのではなく、一定程度の長い時間が確保されるなかで、子供たちが徐々に学びの質を高めていくことによって実現していくのだということも分かってきました。

こうした学びの姿は、個別最適な学びと協働的な学びの実現に向けた授業改善の重要なカギになると考えています。そこで、そのような学びを「ロングレンジの学習活動」と呼ぶことにしたいと思います。このロングレンジの学習活動を、改めて整理すると次のように説明することができます。

子供たちが魅力的な言語活動のゴールに向かい、ゴールイメージや解決方法などの見通しをもって、学習活動等を選んだり決めたりするなど試行錯誤しつつ、自律的に判断して学習活動を進めるための一定程度の長い時間を確保した柔軟な学習活動の枠組。

こうした学習活動の具体の姿は、学年の発達の段階はもとより、指導のねらいや言語活動、子供たちの学習経験や関心の在り方などによって多種多様に変わってきます。当然特定の型にはめた指導や画一的なスキル習得を目指すものではなく、子供の自律的な学びを生み出すための精緻な指導によって実現していく学習活動を意味するものです。

▼ロングレンジの学習活動の典型的な姿

前述の通りロングレンジの学習活動は特定の型などではありませんが、典型的な姿を挙げることは可能です。ここでは、低学年の単位時間における学習活動を例に挙げてみます。

1 本時の学習の目当てや学習の進め方の確認
2 学習の目当ての達成に向かう一人学び
3 学習の目当てを達成するためのペア学習の繰り返し
4 学習の目当てとなる学習のまとめ（交流を通して確かになった考えを書きまとめるなど）

学習活動1では、単位時間の学習の目当てを確認します。その際子供たちは、本時に何を学ぶのかを初めて知るのではありません。単元の導入時から継続的に見通している学習計画などを基に、本時は何を行うのかを改めて確認することとなります。また学習の進め方についても、その時間に一から初めて知るのではなく、前時までの学習の進め方を振り返るなどして見通しをもてるようにしていきます。

続く学習活動2では、目当てを達成するために一人で学ぶ場合もありますし、個々の考えをもつために全体でポイントを共有する場合もあります。いずれの場合も、単位時間の学習の見通しをもって学べるようにすることとなります。具体的には、「交流して考えをはっきりさせるために、友達に伝えたい自分の考えをまとめたり、友達に聞きたいことをはっきりさせたりする」といった、次の学習に向かうための準備を行うという趣旨の活動になります。

更に学習活動3へと進みますが、教師が明確に時間を区切って進めるのではなく、「考えがまとまって、もう交流したい」と思ったら子供たち一人一人の判断に基づき、交流へと進んでいきます。その際も、相手を教師が指定してしまうのではなく、子供自身が相手を判断できるような手立てを駆使するケースが多く見られます。

学習活動4に進む場合も、教師が一律に時間を区切ってしまうのではなく、「もう十分交流して考えがまとまった」と考えた子供から、自席に戻って自分の考えを学習のまとめとして書き出すといった進め方も多く見られます。

このような学習活動は、中教審答申にも述べられているような、学習時間を子供自身が判断して進める学びの姿として現れる場合が多くなります。

▼ロングレンジの学習活動の特徴

前述の学習活動例は、これからロングレンジの学習活動にチャレンジしようと考えておられる授業実践者にイメージしていただけるよう、あくまでも比較的多く見られる学習活動形態を例示したものです。当然これ以外にも多様な単位時間の学習の進め方も想定されますし、更には単元全体に及ぶ自律的な学習活動も試みられています。

そのことを前提に、前掲のような学習活動の特徴を整理すると、次のことが挙げられるでしょう。

①子供自身が学習の見通しをはっきりもっている

子供たちが自律的に学び進める前提には、学習の見通しを子供一人一人が明確にもっていることが挙げられます。教師が全ての主導権をもち、子供たちに逐一発問・指示することを中心にして学習を進めたり、学習内容を小出しに提示していったりする場合には、なかなかこうしたタイプの学びの姿にはなりません。

②学習を進める判断を子供自身ができるようになっている

一律にクラス全体の学習進度を揃えるために、学習活動を一つ一つ区切ってしまうと、実際には待つ時間がかなり多くなることが分かります。また反対に指導のねらいもない子供任せの学習を進めさせていくことを目指すわけでは決してありません。子供自身が明確に判断して、学習手順を進められるようにすることは、学習を最適なものに調整する上で非常に大きなメリットを生み出します。例えば、クラスのおよその子供たちが自律的にロングレンジで学ぶことにより、教師は机間指導などによって子供個々の状況を把握したり、じっくり個別の指導に当たったりすることが可能になります。その結果として一層指導のねらいに迫ることができるのです。私たちもそうですが、いつも指示されて動く存在ではなく、自らの判断が認められるという感覚は、大変重要なものです。

③何について誰と学ぶのかなどを子供が判断、選択できるようになっている

例えばペア交流を行う場合、低学年の子供たちであっても、相手を自分で判断できるということは大きな意味をもちます。教師から指示された通りに、決められた相手と対話するのであれば、どうしても型通りの手順をこなすような「作業をする」姿にとどまることも多くなりがちです。しかし何らかの手掛かりがあれば、子供たちは私たちの予想を超えて実によく考えて相手を判断し、目的をはっきりもって交流を行ってくれます。

▼自律的に交流を繰り返すことを重視する指導上の意図

後述する通り、ロングレンジの学習活動では、交流を十分に繰り返すスタイルが多くとられています。教師の指示によって一言二言やり取りして終わるのではなく、例えば子供たちが自ら相手を判断して、単位時間のかなりの時間を交流に当てることも多くなります。これがロングレンジの学習活動と呼ぶ所以でもあります。

学習活動ですから、当然活発に話し合うこと自体をねらうわけではありません。あくまでも指導のねらいをよりよく実現するための手立てです。その工夫を構想する際、指導のねらいとするところを子供たちが確かに身に付けるためには、「教師が教える」という捉え方だけでは不十分で、むしろ子供たちが自律的に学んでこそ、ねらいをよりよく実現できるという発想の転換を基盤としています。

あくまでも一例なのですが、子供たち自身が相手を選んでペア交流を繰り返すといった学習活動を通して、そこに込められた指導上の意図を検討してみましょう。

まず子供自身が相手を判断する際、そこには子供にとっての交流の目的意識が強く働くこととなります。教師が指定した相手との交流が続くと、前述のように、交流が「作業」になってしまいがちです。

次に、自覚的に交流を繰り返すことによって、子供たちの思いや考えが、徐々に明確な言葉になっていきます。そこに様々な他者との対話を通した学習のよさも加わってきます。更に、その対話による交流は、教師によって一律に時間を区切られるのではなく、お互いの判断で対話を続けられることとなります。これとは反対に、例えば低学年で、「まず一回目の交流を、隣同士で五分間行ってみましょう」といった指示によって行う場合、それより随分早く交流が終わってしまい、後は何をしていいのか分からないといった状況に陥る子供が見られるケースが多くなります。一方で、指定の時間を超えて夢中で対話を続ける子供たちも出てくると、次の交流に進めるために、そのペアの交流を区切ったり、他の子供たちを待たせたりせざるを得なくなります。

実際に、用意周到に準備された授業においては、低学年の子供たちであっても、見事に子供たちがそれぞれに判断して、自分のペースで、またいろいろな相手と交流を繰り返す、ぎゅっと濃縮された学習が展開されています。時間をもて余すことなく、子供たち一人一人が魅力的な目的に向かって、自分の学習を調整しようとする姿が見られるのです。

▼魅力的な言語活動とロングレンジの学習活動

とはいえ、ロングレンジの学習活動は、魔法のようなものではなく、教師の緻密な手立てによって実現するものです。言い換えれば、そうした手立てを適切に打つことによって、最初は「うちの子たちには難しい」と思えても、子供たちの学びの姿は大きく変わります。

ではここから、そのための手立ての柱となるものを検討していきます。

第一に挙げられるのは、魅力的な言語活動の工夫です。個別最適な学びでも触れたように、子供たちは、魅力的なゴールに向かうなかで自律的に学ぶための推進力を得ていきます。国語科においては、そうした魅力的なゴールを言語活動として設定することとなります。よく、「言語活動自体が目的化してはいけない」と言われますが、これは教師側から見た場合の授業構想上の留意点です。子供たちにとっては、その実態を踏まえれば、「指導事項そのものを身に付けたい」などと思って学ぶわけではないでしょう。とりわけ小学校の低学年の子供たちの意識を踏まえれば、教師としては指導事項をそのまま子供たちに提示するのではなく、資質・能力を身に付けるのにふさわしい言語活動を設定して学習指導に当たるわけです。そしてその言語活動が魅力的であればあるほど、子供たちの学びの推進力は増しますから、子供たちにとって魅力的な言語活動を設定することは、国語科の学習指導において不可欠の授業構想のプロセスということができます。学習指導要領の国語科の教科目標に、「言語活動を通して」資質・能力の育成を目指すと明記されているのも、そのことを如実に示しています。

また一口に言語活動と言っても多種多様です。教師として目の前の子供たちの意識に合い、かつ指導のねらいを実現するのにふさわしい言語活動を選定することは簡単なことではありません。その際特に重要になるのは、言語活動を教師自身が行ってみる教材研究です。実際に行ってみると、その遂行の手順がはっきりしてきます。また、子供たちの実態に照らして高度すぎたり抽象的すぎたりしないか、資質・能力を確実に育成できるものか、またそのための指導上の留意点は何かといったことがより鮮明に浮かび上がります。

こうした教材研究は、一人の教師だけで行うには過重な負担がかかります。しかし学校全体で分担し、少しずつ取り組むことによって、より取り組みやすくなりますし、学年の発達の段階に応じた言語活動を選定しやすくもなります。更に、子供たちの言語活動の成果物も蓄積されていけば、学校全体での指導の効果は格段に大きくなります。

▼子供にとっての必然性のある学びのなかで成立するロングレンジの学習活動

魅力的な言語活動の設定と深く関わりますが、ロングレンジの学習活動の成否は、子供たちが必然性を自覚して学べるかどうかにかかっています。国語科に限らず多くの教科の学習指導を行う上では、教材が極めて重要な要素となっています。教材が重要であればあるほど、それを学習者視点から見た場合、なぜその教材で学ぶのかといった必然性を吟味することが大切になります。個別最適な学びはあくまでも学習者視点の概念ですから、子供たちの意識とは無関係にこの教材をこう教えるといった概念や、教師主導の発問で一律一斉に読み深めさせるといった進め方だけでは十分ではないでしょう。

子供たちに学びの必然性を実感できるようにするための手立てとして中核になるのが言語活動の設定の工夫です。例えばある教材を読んで内容を解釈すること自体が目的化してしまうと、なかなか子供の必然性を呼び起こすことは難しくなります。しかし、教材文を読むことが言語活動の遂行につながる、という構図にできれば、子供たちに学びの必然性をもたせやすくなります。それは結果的に、教材のもつ価値をフル活用することにもつながっていくのです。
一方で日頃の指導のなかで、例えば低学年の子供たちや国語に苦手意識をもつ子供たちが、細かな指示もなく学び続けるのは難しいと感じる方もいらっしゃるでしょう。その際、日常生活のなかで子供が夢中になって遊んだり、興味をもっていることに取り組んだりする姿を見つめてみましょう。好きでもないし関心もないことには取り組まないけれど、大好きで強く興味を引かれることに取り組む際には、驚くほど粘り強さを発揮し、主体的な姿を見せてくれることも多いのではないでしょうか。

もしもそうした姿を国語科の学習でも引き出せたら、と思うならば、既成の教材のみを教えることにとどまらず、ねらいとする資質・能力をよりよく身に付ける上で、子供が興味・関心を抱く題材、教材の選択を工夫する価値が見えてくることでしょう。

またこうした子供の実態に応じた指導の工夫は、「主体的に学習に取り組む態度」の評価にもつながります。この観点の評価は、単に子供の一般的な特性や傾向を評価しようとするものではなく、単元等で指導したことについて、子供の実現状況を評価するものですから、主体的に学習に取り組めるような手立てを工夫して指導することが、評価の前提となります。

▼「魅力的な学習の目当ての構成要件」を検討する

子供たちが学ぶ価値を実感し、主体的に学べるような学習指導を行うことは、多くの実践者が共通に目指しているものではないでしょうか。しかし、それを具体化するのはなかなか難しいと感じる方も多くいらっしゃることでしょう。そのような場合、日常の実践を振り返って「その学習活動は子供にとって必然性があるか」という視点から検討してみることが大変有効になります。

例えば本時の学習活動手順として、「目当てを知る」→「自分の考えをもつ」→「交流する」→「学習のまとめをする」といったことはごく一般的にとられてきたものでしょう。まず本時の「目当てを知る」についてですが、本時の目当てを明確にすることは言うまでもなく大切なことです。しかし、それを本時の冒頭で初めて「知る」のでは、すぐに順応できる子供、与えられた課題に即応できる子供中心の学習になってしまいがちです。またそもその学習の目当てや学習課題が、子供たちにとってやりがいや取り組む必然性を感じられるものかを検討することも必要です。

魅力的な学習の目当ての構成要件としては、例えば次のようなものを挙げることができるでしょう。

①子供たちにとって価値ややりがいを実感できる目当て

これは言うまでもないことですが、「やってみたい！」といった意欲が湧く学習の目当てであれば、その目当ての達成を通してよりよく資質・能力を身に付けられることが多くなります。

②指導のねらいに即し、子供たちが自己の伸びや効力感を実感できる目当て

学習の目当ては、あくまでも指導のねらいの実現に結び付くことが重要になります。指導のねらいとは無関係に面白おかしいことをさせたいわけではありません。その際、指導事項をそのまま子供たちに一方的に下ろしてしまうようなことではやはり十分ではありません。

③子供たちが選択したり決定したり、学びを調整したりできる余地のある目当て

私たちもそうですが、自分で選んだり決めたり、時には試行錯誤したりできるような目当てであれば、一層取り組みがいが出てきます。学び手としての自覚を喚起することもできるため、学びの質もぐんと向上することが期待されます。

▼「魅力的な学習の目当て」の具体的検討例

前項の要件について、例えば中学年の物語文を読むことの単元を取り上げて考えてみましょう。中学年の文学的な文章の精査・解釈の指導事項は次の通りです。

エ　登場人物の気持ちの変化や性格、情景について、場面の移り変わりと結び付けて具体的に想像すること。

この指導事項を指導する際の、ある時間の目当てとして、

○「第三場面の登場人物の気持ちを読み取ろう」

といったものを提示しようとしたとします。しかし、このままではまず子供たちにとってこの目当てを達成する必然性は感じられないのではないでしょうか。また、指導事項をよく見てみると、「登場人物の気持ちの変化」などについて「場面の移り変わりと結び付けて」想像して読むことをねらっていることが分かります。このままでは指導のねらいを実現する上でも不十分と言わざるを得ません。

そこで次のように改善してみましょう。

○「登場人物の気持ちの変化を、場面の移り変わりと結び付けて読み取ろう」

これなら指導事項とぴったりです。しかしまだ検討の余地があります。どの子も「登場人物の気持ちの変化を場面の移り変わりと結び付けて読み取りたい！」などと思うわけではないからです。そこで、次のように工夫してみてはどうでしょうか。

○「お話の心に残ったところについて、そのわけを、登場人物の気持ちの変化を手掛かりにはっきりさせよう」

ちょっと回りくどいのが難点ですが、子供たちにとっては「気持ちの変化」を想像する必然性は格段に高まります。しかも、「お話の心に残るところ」は一人一人異なりますから、画一的な正解を求める目当てよりも、子供たちのやる気はぐんと増すことでしょう。『小学校学習指導要領（平成29年告示）解説国語編』にも「どの叙述とどの叙述とを結び付けるかによっても変化やそのきっかけの捉え方が異なり、多様に想像を広げて読むことができる」と、指導事項の趣旨が解説されています。これを魅力的な言語活動と密接に結び付ければ、効果は更に高まります。例えば次の通りです。

○「お気に入りの物語の紹介に向けて、お話の心に残ったところについて、そのわけを、登場人物の気持ちの変化を手掛かりにはっきりさせよう」

▼「自分の考えをもつ」ことの子供にとっての意味と具体化

本時の目当てに基づいて、子供一人一人が自分の考えをもつ時間を設定することは、ごく一般的に行われていることです。その際も、子供にとって必然性のある時間にできれば、その学習の質が高まります。

その具体的な手立てはもちろん一様ではありませんが、前項で例示したような単元に位置付けた言語活動と結び付く学習課題設定などの工夫があれば、子供たちはなぜ考えをもつのかがはっきりと自覚でき、学びの必然性が高まります。

また、授業の序盤で考えをもつ場を設定する場合、どの程度明確な考えをもてればよいのかについても子供たちと共有したいところです。自分の考えをまとめた後に、交流する活動を取り入れる場合、あまり厳密に考えを書きまとめさせてしまうと、交流の場面でもそれを読み上げるだけになってしまいがちです。

学年の発達の段階にもよりますが、高学年などであれば、「自分の考えをもつ」学習においても、その後の交流を見通して、「友達に聞いてみたいこともはっきりさせておこう」

「考えはまとまったものの、もっと多様な考えを聞いてみたい」といった意識をもてるように促すことも有効です。考えをもつ時間内に「自分はどう考えるか、またその根拠は何か」をすっかり明確にしなければならないのではなく、次の交流で考えをはっきりさせられればよいのだという見通しをもてるようにすることが大切になるわけです。

低学年の場合であれば、「他者の意見を求めたい」という意識よりは「伝えたい」「聞いてほしい」といった思いを抱くことが多くなるでしょう。やはりこうした意識を生かしていくこととなりますが、低学年のうちは、話したいことをしっかり書かせてから交流させないと、うまく話し合いを進められないのではないかと案じることもあるかと思います。

そうした場合、例えば「読むこと」の学習であれば、本や文章を開いて、取り上げたい叙述を指さしたり声に出して読んで確認したりしながら交流できるようにすることで、「考えを書かせないと不安だが、書かせてしまうとそれを読み上げるだけになりがち」という課題を克服することが可能になります。加えて、気になる叙述、相手に伝えたい叙述などに付箋を貼って目印にしておいたりすることも効果的です。「自分の考えを書いていないから、交流もうまくできない」と思っている子供たちの不安をやわらげ、次の交流にスムーズに学びを進めやすくなります。

▼交流の目的の具体化と発達の段階による指導上のねらい

「考えをもったら交流する」ということもごく一般的な学習過程として捉えられてきました。もちろん考えを明確にもつことができ、それを早く伝えたくてたまらないといった思いに満ち溢れている子供を想定すればその通りでしょう。しかし実際には、考え付かなかった、考えに自信がもてない、どちらがいいのか迷っているなど多様な状況の子供たちがいることが想定されます。

こうした思いを抱く子供たちにも交流の必然性を実感できるようにする上では、具体的な目的を明確にもてるようにすることが効果的です。例えば、考えに自信がもてない子供や迷っている子供には、「交流して友達がどんなことを考えたのかヒントにして、自分の考えをはっきりさせられるようにしよう」といった目的をもてるよう促すことが考えられます。

一方「考えをもつ」時間に何も思い付いていない子供に対して、多くの場合、教師は机間指導で個別に助言をすることとなりますが、それでもなかなかよく理解できないという状況のまま交流に入っていくことがあります。こうした子供たちには例えば、「いろいろな友達と交流してたくさん考えを聞いてみて、自分の考えをまとめる際のヒントにする」といった目的意識をもてるようにすることも有効です。子供たちをつぶさに見ていくと、教師の発問や指示よりも、友達との対話のなかで実感をもって分かっていく様子を多々見ることができるからです。

「考えやその理由がすっかり分かった」と感じている子供の場合、交流の目的をもたせることが意外に難しくなる場合があります。もう分かっているから交流する必要はなく、学習のまとめに進みたいと思ってもおかしくはないからです。そうした場合の本質的な支援は、「交流したら考えが広がったりより確かなものになったりした」などといった交流のよさを実感させることなのですが、具体的な意識としては、「自分の考えやそう考えた理由がうまく伝わるか、いろいろな友達に説明して聞いてもらう」といった目的をもてるようにすることが考えられます。

いずれの場合も、魅力的な言語活動の遂行のために、何についてどのように考えをまとめるのかはっきりさせたいといった、必然性を十分実感できるような状況のなかで、一人一人が自分の交流の目的を実感できるようにすることが大切になります。

▼自律的な判断を伴った交流の繰り返しを重視する

従来は、考えをもってから交流するという学習手順が多くとられてきました。しかし、前項のように、あらかじめ考える時間を確保して交流に臨んでも、十分に考えをまとめられなかったり、考えを前もって書き出させることによって、それを読み上げるだけになったりする状況も見られてきました。また考えをもつ時間が長くなる場合、交流の時間が圧迫される場合も多くなります。このようなことにより、「うちの子たちは交流がうまくできない」といった認識に陥る状況が見られてきました。

そうした課題を克服する上では、常に考えをもたせてから交流するという手順のみではなく、むしろ、交流することで考えをはっきりさせていき、その後に学習のまとめとして考えを書くといった順序が効果的な場合が多いことが分かってきました。

特に低学年の子供たちの場合、考えたことをすぐにも明瞭に言語化できるわけではなく、まず口頭で何度も話してみることで、思いや考えが徐々に自分の言葉として確かなものになります。こうした過程を経た上で書き言葉として自分の考えたことを書くことができるようになっていくことが一般的です。その際、機械的に話し言葉で繰り返し説明させるのではなく、相手を替えながら何度も話してみたり、また相手の説明を聞いてみたりすることが、子供が考えをより明確に形成し、言語として表出するためには有効な手立てであることが分かってきたのです。

ただし、その場合もやはり子供たちにとって魅力的な言語活動やそこに向かう本時の学習活動があり、学ぶ必然性を実感できていることが前提となります。「学習の目当てに向かって自分の考えをはっきりさせたい」といった思いもなしに、いきなり交流させても効果は限定的になってしまいます。

またその際、交流を機械的な作業にせず、子供たちの自律的な学びにする、言い換えれば交流を実質化するためには、ある程度の時間の確保が必要です。全ての子供たちが最初からテンション高く活発に交流し始めるわけではないからです。反対に何度か交流を繰り返していくうちに、子供たちの話しぶりが見違えるほど充実していくことも多々見られます。第4章で後述しますが、近年は誰と交流するのかを子供自身が判断できるようにすることで一層高い効果を得る実践も多く見られるようになりました。やり方さえ工夫すれば、子供たちの学びの姿は大きく変わっていくのです。

▼他教科等を生かした繰り返しの学習のなかで実現していくロングレンジの学習活動

子供たちが自律的に学び進める学習の成立の背景として、子供たちが見通しをもって安心して学べるような状況をつくることが大切になります。そのためには、例えば研究授業のような場で初めてこうした学習形態に触れさせるのではなく、様々な学習活動のなかで体験できるようにしていくことが有効です。

何らかの学習のゴールに向かって、「一人で考えをもつ」→「相手を選ぶなどして交流し、考えをはっきりさせる」→「考えを書きまとめる」といった学習活動の進め方は、特定の単元だけでしか取り上げられないものではありません。仮に、一か月先に研究授業がある場合、そこから逆算して、国語科の各単元の学習指導では重点的にこの学習形態への習熟を図ることが効果的です。その際、逐一指示を出して学習を進めさせるのではなく、既習の学習活動を振り返るなどして、子供たち自身が単位時間の学習全体を見通して安心して学習を進められるようにすることがポイントとなります。

また少しずつ、「考えがまとまったら相手を見付けて交流する」「交流して考えがまとまったら書きまとめてみる」といったように、子供たちが自分自身の学習を進めるタイミングを判断することを意識付けていくなど、学びを調整しようとすることができるよう支援していきましょう。

こうしたことに加えて、国語科以外の教科等の学習活動との関連を図ることも有効です。例えば算数科の学習においても類似の学習形態をとることが考えられます。算数科の指導のねらいや教科特性を十分踏まえながら、既習事項を活用して自分の解き方などを考えたら、交流を通してそれをより明確にし、ねらいに即して数式を用いるなどして学習したことをまとめたり、更に問題を解いてみたりするといった学習活動が想定できるでしょう。図画工作科や音楽科などでも、相互評価の学習活動などを取り入れる際は、こうした学習の積み重ねを生かすことが効果的です。

どの教科等の学習指導でも、学習指導要領を基にその指導のねらいを踏まえて、子供たちが見通しをもって主体的に学べるようにしたり、交流を効果的に取り入れたりするなどして指導の在り方を工夫改善することが大切になります。また反対に、国語科で、より自律的に学び進められるようになれば、国語科以外の教科等の学習でもその成果を生かしてよりよい学びの姿を見せてくれることでしょう。

▼教師の精緻な授業構成と子供の実態把握を基に成立するロングレンジの学習活動

ロングレンジの学習活動は一見、教師は何もしていないように見えるかもしれません。多くの場合、子供たちが一定程度長い時間を、自律的に判断して学び進めるからです。しかし、もちろん学ぶ単元やそのゴールとする言語活動まで全く子供たちが自由に選んでいるわけではありません。例えば単元自体が一人一人異なるものになってしまうと、身に付けられる力も異なってしまいますし、協働的な学びも限定的にならざるを得ません。子供任せではなかなか学び進められない子供も出てくることでしょう。

他方で、従来は教師が一斉学習場面で発問や指示をすることが「しっかり理解させる」ための効果的な方法だと考えられてきたということもあります。しかし目の前の子供たちが多様な状況にあることを踏まえた時、一斉学習場面での指導を中心にするだけでは理解が進まない子供の姿が見られ、そうした子供をどのように支援すればよいのかと日々心を砕くこともあるのではないでしょうか。

例えば算数科で、計算が苦手な子供を支援する場合、その子供がどこでつまずいているのかを把握し、時には下の学年の学習内容に立ち返って指導することがあるでしょう。そのような時は、当然ですが一斉学習場面で発問するのではなく、例えばその子供の側に寄り添って状況を把握しつつ指導することが多いかと思われます。「全体で共有する」ということはよく行われがちですが、それだけで個々の子供を伸ばすことはかなり難しいことでしょう。

国語科でも同じことが言えるのではないでしょうか。一斉学習場面で教師が発問・指示している際は、個々の子供の状況はなかなか把握しにくいものです。どうしても挙手している子供中心の学習展開になりますので、挙手していない子供の状況は更に分かりにくくなっている可能性があります。子供たちがペアやグループもしくは個人で学ぶ時間が長いということは、その分教師が自由に動くことができ、子供個々の状況を把握しやすくなるということをも意味します。

指導事項を踏まえた教師の明確な指導目標の把握や、緻密な言語活動の設定、子供たち自身が自律的に学べるようにするための間接的な支援や言語環境構成といった、教師の精密な手立ての構築と、子供の見取りを通じてこそ、ロングレンジの学習活動を通して子供たちが自律的に学び進める姿が実現していきます。

第3章

「ロングレンジ」の学習活動へのステップ

第1節
ロングレンジの学習活動を取り入れた単元構想のステップ

▼つけたい力の明確化

国語科は、端的に言えば、言語活動を通して指導事項を指導する教科です。今回の学習指導要領ではこのことを教科目標の冒頭に明確に示しています。

ここからは、いよいよこの教科特性を基本にして、ロングレンジの学習活動を生かした学習指導を実現することに向けて、その単元構想のステップを見ていきましょう。

まず、当該単元で子供たちに身に付けさせたい資質・能力を明確に把握することから始めましょう。ここがぐらつくと、単元構想自体がどこに向かっていくのかが不明確になり、結果として資質・能力ではなく、教材を教えるという意識が強くなってしまいがちです。

①年間指導計画を基に指導事項を確認する

単元で身に付けさせたい資質・能力を把握する上では、当該単元で取り上げて指導する指導事項を明確に押さえることが基本となります。通常は使用する教科書の資料である年間指導計画などを基にして、どの指導事項を重点的に指導するのかを確認することとなります。

ただし場合によっては、年間指導計画上の指導事項を変更する場合が出てくることもあります。国語科では、小学校でいえば二学年間を通して繰り返し指導事項を指導し、確実な定着を図ることとなります。そのため、前単元までの子供たちの実現状況の評価を基にして、定着が十分ではないと判断した場合などは、年間計画の見通しのなかで取り上げる指導事項を差し替えるなどして指導することもあり得ます。ただし、その際は年間を見通してバランスが崩れないようにする配慮が前提です。

②指導事項の趣旨を確認する

単元の指導事項を年間指導計画で確かめたら、指導事項の趣旨を確認してみましょう。本来的にどのような資質・能力を指導すればよいのかが明確に見えてきます。例えば低学年の〔思考力、判断力、表現力等〕「C　読むこと」(1)の、説明的な文章の精査・解釈である次の指導事項について見てみます。

ウ　文章の中の重要な語や文を考えて選び出すこと。

この指導事項を指導する際、一見「筆者の述べる大事な言葉をしっかり読み取らせればよいのだ」と思いがちです。しかし例えば、「筆者の言いたい大事な言葉に線を引こう」などと指示した時に、線だらけになってしまうといったことはないでしょうか。

筆者にとっては、練りに練って書いた文章の全てが「重要な語や文」だということが一般的でしょう。そうすると単純に文章の重要語句をマークさせればよいというわけではないことが分かります。更に指導事項の文言をよく読むと、「重要な語や文を考えて選び出すこと」とされています。ではどのようにすれば読み手である子供が「考えて選び出す」ことができるのでしょうか。

『小学校学習指導要領（平成29年告示）解説国語編』では、この点について次のように解説しています（傍線部は筆者）。

「文章の中の重要な語や文とは、書き手が述べている事柄を正確に捉えるために、時間や事柄の順序に関わって文章の中で重要になる語や文、読み手として必要な情報を適切に見付ける上で重要になる語や文などのことである。

考えて選び出すとは、例えば、『書き手が伝えたいことは何かを考える』、『自分が知る

べきことについて詳しく知る』といったことを意識しながら、重要だと考えられる語や文を文章の中から見付けることである」

すなわち、傍線部のような資質・能力をも含む、より能動的に読む能力を意味することが分かります。

一方で、そうした能動的な読みの能力育成の前に、まずは一段落ごとにしっかりと意味をつかませて精査・解釈させねば、と思う場合もあることでしょう。

しかし私たちが文章をより精査して読もうとするのはどのような場面においてでしょうか。必要性を感じないままに与えられた文章を読まされるよりも、ぜひとも情報が欲しい、詳しく知りたいといった意志をもって文章に働きかける場合の方が一般的には読みの精度は高まるのではないでしょうか。また、読んでいるうちに面白くなってきて更に別の文章も選んで読んでみたといった状況なら、更によく読むことができることも多いのではないでしょうか。無目的に細かく読み取らせることが精査・解釈ではないことに十分留意しましょう。

③日常の言語生活に照らして指導事項の趣旨をより具体的に把握する

前掲のような「読み手として必要な情報を適切に見付ける」「自分が知るべきことにつ

いて詳しく知る」といった資質・能力は、なぜ学習指導要領にも位置付けられているのでしょうか。例えば子供たちが日常生活のなかで説明的な文章を読む機会として、図鑑を読んだり興味をもったことについて調べるために資料を読んだりすることが考えられます。そのような場合には、与えられた文章の内容を理解することにとどまらず、自ら図鑑などに手を伸ばして読み、必要な情報を得ていくなどの行為が重要になります。そうした、子供たちにとって日常の言語生活で必要となる資質・能力を一人一人が身に付けていくことが大変重要なものとなります。

このことは、文学的な文章の指導事項の趣旨を理解する上でも重要な手掛かりとなります。同じく低学年の文学的な文章の精査・解釈の指導事項は次の通りです。

エ　場面の様子に着目して、登場人物の行動を具体的に想像すること。

この指導事項も、一見すると、教師が指示した場面の人物の行動を細かく確認して読み取る能力のように思われがちですが、そこには検討の余地があります。「場面の様子に着目して」という指導事項ですから、教師が指示した場面に着目させるのではなく、子供自身が何らかの場面の様子に着目するという思考力や判断力を意味するものと考えることができます。日常の読書生活のなかで考えてみれば、それは例えば「物語のお気に入りの場面を紹介する」「悩んでいる時に小説を読んで、自分を支え、励ましてくれる登場人物の言動を見付ける」といった行為のなかで具体化され、必要とされる資質・能力だとも言えるでしょう。日常の読書のなかでは、どの物語のどの場面が心に残るのかを教師が指定することはできません。大好きな物語を何度も繰り返し読み、「自分はここが好き」などと自覚的に、ある場面に着目できることは、読書行為を支える重要な資質・能力だと言えるでしょう。こうしたことを踏まえれば、低学年では物語を読んで「大好きなところ」をはっきりと見付けられること自体が重要な資質・能力だとも言えるのです。

これは〔知識及び技能〕についても同様に考えることが可能です。国語科で育む〔知識及び技能〕は、その教科目標にも、「日常生活に必要な国語について、その特質を理解し使うこと」とあるように、日常生活に必要な言語能力として実際に使える知識や技能を意味するものです。例えば「語彙」に関する事項を指導する際、語句の一覧表を与えれば語彙がすぐにも豊かになるわけではありません。子供たちが実際に様々な本や文章を、興味をもって読んだり、事実・事象に関心を寄せて詳しく聞いたりするなかで理解するための語彙が豊かになります。また、伝えたい思いを膨らませたり、相手を明確に意識したりして、話したり書いたり話し合ったりすることで、表現するための語彙も豊かになります。

▼子供たちにとってのターゲットとなる魅力的な言語活動設定

子供たちは、魅力的な言語活動に向かって学ぶからこそ、ロングレンジの学習活動のなかで驚くほど自律的な学びを見せてくれます。そのための教師の重要な役割は、精密な言語活動の設定です。「言語活動が目的化してはいけない」ということはよく言われますが、だからといって言語活動なしでよいということでは全くありません。学習指導要領の国語の教科目標に明示されている通り、むしろ、よりしっかりと言語活動を構想し、言語活動を通して資質・能力を育むことが重要になります。

実際の授業構想では、言語活動は次のようなポイントを押さえつつ、つけたい力の明確化との往還のなかで設定していくこととなります。

①指導のねらいに合った言語活動の選定

言語活動を設定する場合、指導のねらいの明確な把握が大前提となります。言語活動自体が目的化してしまうのは、言語活動を重視しているからではなく、そもそもつけたい力が不明確な場合に起きます。

例えば高学年の「C　読むこと」の「共有」の指導事項は次の通りです。

カ　文章を読んでまとめた意見や感想を共有し、自分の考えを広げること。

この指導事項を重点的に指導する単元の言語活動について、次の二つを候補として比較検討してみましょう。

Ａ　作品を読んで考えを深める。

Ｂ　作品を読んで考えたことを読書座談会で交流する。

一見どちらも学習活動としては成立しそうです。しかし、指導のねらいにふさわしい言語活動かどうかという点では検討が必要になります。

指導のねらいが「共有」であるとすれば、その資質・能力は、例えば交流を通して何度も読み返したり、交流を通して新たな気付きを得たりするなかで育まれていくものです。そのため、交流をメインとし、より確実に「共有」の資質・能力を育むことが期待できる言語活動はと言えば、Ｂが想定できるということになります。また子供たちにとっても、Ｂの言語活動を通した方が「共有」の能力を身に付けたことが実感しやすくなるでしょう。もちろんＡでも、考えたことをまとめたりする過程で交流する場面は取り入れられるのが一般的ですが、その場合は、考えを形成するための手段として交流する活動を取り入れることが多くなります。つまりAは、「共有」よりも「考えの形成」の資質・能力を主目標とした単元に位置付ければ、成立する可能性が出てきます。ただし、後述する通り、「考えを深める」という言い回しのままではとてもあいまいで、かつ学習指導要領上も検討が必要です。

②子供たちの学ぶ目的となる明確な言語活動の設定

言語活動は、子供たちの学ぶ目的ともなるものですから、できるだけ明確なものであることが望まれます。その点で先ほどのAを再検討してみましょう。

「考えの形成」を主目標とする単元ならば一見成立しそうにも思えますが、「読んで考えを深める」活動とはどのようなものでしょうか。何となく分かりそうですが、実は判然としません。言語活動は、資質・能力を形あるものとして顕在化させ、何ができるようになればよいのかを教師も子供も明確に把握できるようにするものでもあります。そうすると、「考えを深める」といった抽象的なものを、活動レベルに具体化することが有効なものとなります。なお、細かく言うと、「考えを深める」は、学習指導要領上は、中学校の指導事項になります。

同様に言語活動が「……について考えよう」「……をまとめよう」「……を語り合おう」

といった言い回しになっている場合、それをより具体化することが求められます。こうした概念的なものにとどまる言語活動を、しっかりと具体化し、よりよいものにしていくには、やはり教師自身がその言語活動を行ってみる教材研究が重要になります。

③子供たちの学びの推進力を引き出す魅力的な言語活動の設定

同じく「C　読むこと」の「考えの形成」の中学年の指導事項を指導する場合について見てみましょう。指導事項は次の通りです。

オ　文章を読んで理解したことに基づいて、感想や考えをもつこと。

この指導事項を指導する際の言語活動として、

C　文章を読んで考えたことを、読書感想文に書こう。

と設定したとします。確かに指導事項にはふさわしいものですし、「読書感想文に書く」といった具体的なものにもなっています。

しかし、「うちのクラスの子たちの実態を踏まえれば、『読書感想文を書こう』といった時に、いったいどれくらいの子供たちが『書いてみたい！』と思うだろうか」と心配になることも多いのではないでしょうか。もちろん読書感想文がいけないわけではないのですが、多様化する子供たちの実態を踏まえれば、それをもう少し工夫することで、ぐんと魅力あるものにすることが可能です。言語活動は、学びの推進力を生みだすものでもありますから、子供たちの意見を聞いたり、多少の遊び心も交えたりしつつ、より魅力的な言語活動を工夫したいものです。

一例として、下の写真のような、いわゆるリーフレット型ツールが挙げられます。これは、中学年の文学的な文章の精査・解釈の指導事項である、

エ　登場人物の気持ちの変化や性格、情景について、場面の移り変わりと結び付けて具体的に想像すること。

のなかでも、「登場人物の性格を具体的に想像する」ことに重点を置いて指導した際に用いられた言語活動のモデルです。

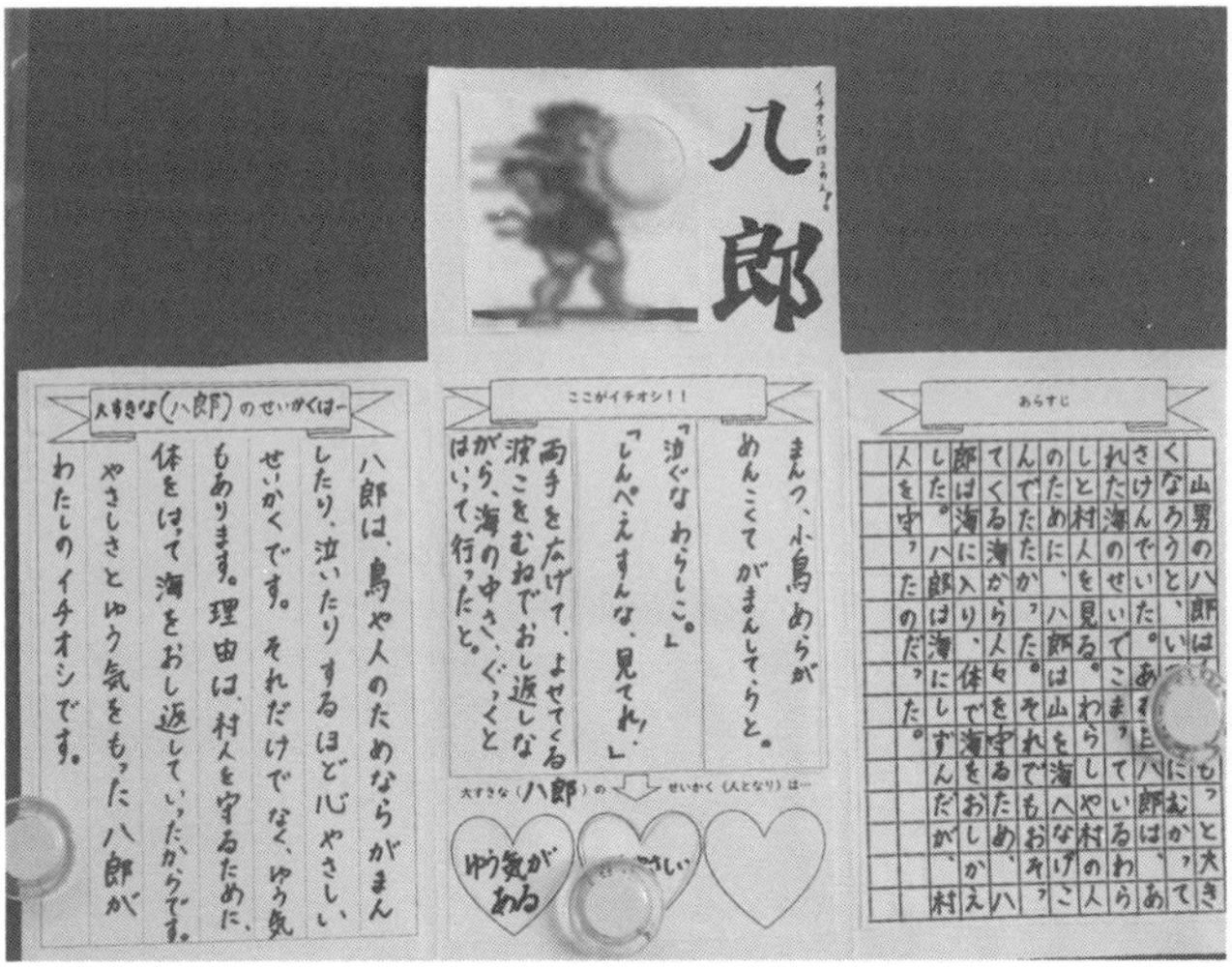

イチオシの登場人物紹介カード

『小学校学習指導要領（平成29年告示）解説国語編』では、「登場人物の性格」を想像する上では、「物語全体に描かれた行動や会話に関わる複数の叙述を結び付けて読むことが重要である。一つの叙述だけではなく、複数の叙述を根拠にすることで、より具体的に登場人物の性格を思い描くことができる」と解説しています。

前掲の写真のモデルは、下段右側から、「あらすじ」「登場人物らしさがよく表れている叙述の引用」「大好きな登場人物の性格などを紹介する文章」で構成されており、特に複数の叙述を引用して、登場人物の性格を思い描き、紹介することのできるものとなっています。

例えばこの単元で「考えの形成」の指導事項もねらうとすれば、これらのパーツに加えて「感想」を書くパーツを新たに加えたり、もしくはいずれか別のパーツと差し替えたりすることも考えられます。「四百字詰め原稿用紙に読書感想文を書きたい！」とはなかなか思えない子供も、こうした丁寧な言語活動の工夫があれば、「読んだ感想を添えてお話や登場人物のよさを伝えたい」といった思いを膨らませて、感想を書くことにより主体的に取り組むことが可能となるでしょう。指導のねらいと子供の意識とを踏まえつつ、授業者の創意工夫を生かした言語活動を開発してみましょう。

▼ターゲットに向かう必然性のある学習過程の構想

ロングレンジの学習活動は、こうした魅力的な言語活動のゴールに向かっていくなかで実現していくものです。そのため、ゴールは魅力的でも、そこに至る学習過程が言語活動とは無関係なものになってしまっては元も子もありません。

典型的な課題状況として、次のような単元の学習指導過程になってしまうケースが散見されます。

第一次（一時間）単元のゴールを知る。

第二次（六時間）教材文を詳しく読み取る。

第三次（二時間）他の本について、リーフレットにまとめて紹介する。

これまでも述べてきた通り、単元の導入でゴールを「知る」といったように、どちらかといえば教師側から突然一方的に子供に単元の目当てとなる言語活動を下ろすような手立てでは、その魅力を実感できる子供は限定的になってしまいます。次の第二次は、言語活動のない無目的な読み取りになった上、第三次の二時間程度で急に他の本を読んでリーフレットにまとめるのは、子供たちにはかなり無理がある学習過程と言えそうです。

　ではこれをどのように改善していけば、一人一人の子供が各単位時間の学習を、やる気いっぱいに学び進められるものに改善できるでしょうか。

　具体的には様々な進め方があるのですが、概括的に言えば、いわゆる第二次の各単位時間の学習活動が、単元のゴールと密接に結び付くものとなるようにすることがカギとなります（下図参照）。

　例えば前掲のような「イチオシの登場人物紹介カード」で「大好きな物語のお気に入りの登場人物を紹介しよう」といった言語活動を設定するのであれば、教材文を読む学習でも、そこに向かっていく学習にすることで、教材文のよさを一層引き出すことが可能になります。

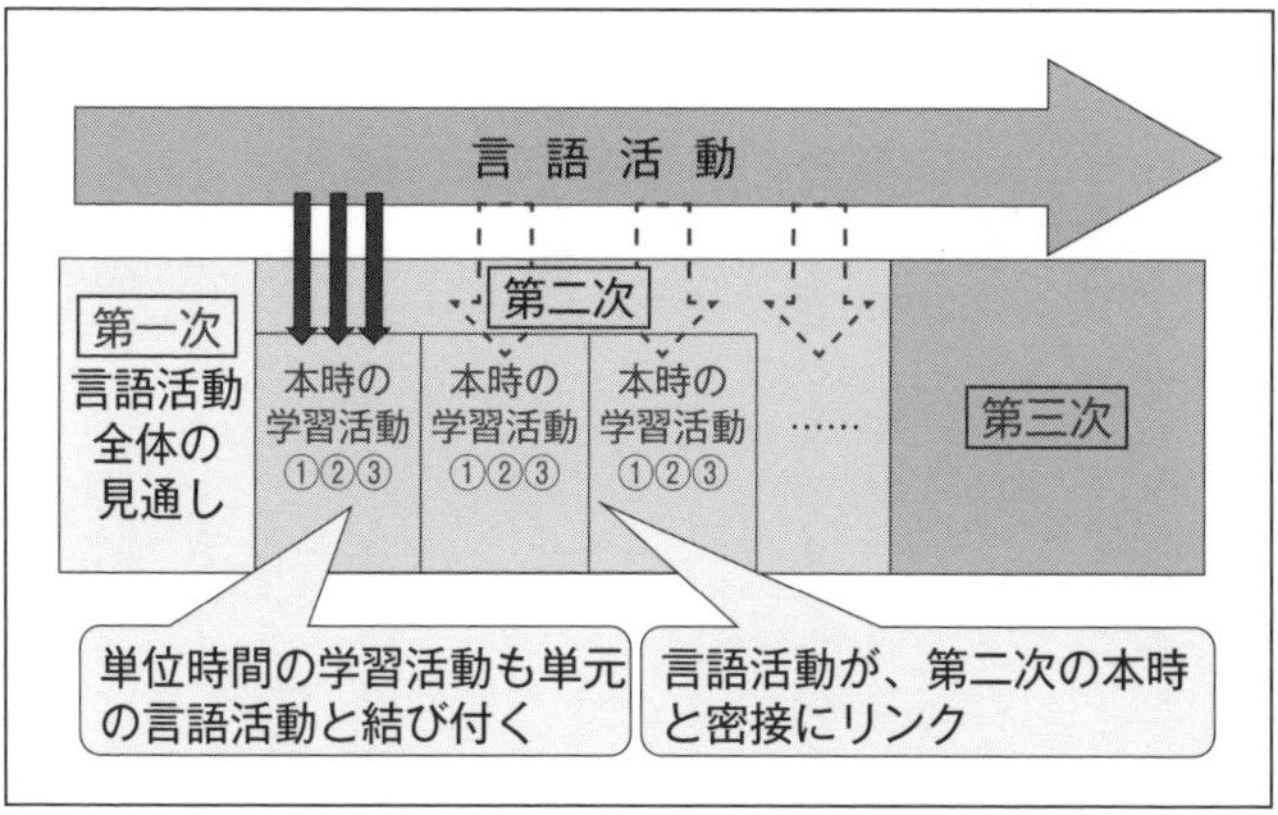

言語活動と密接に結び付く単位時間の構想イメージ

では、教材文などを読む、いわゆる第二次の指導過程を取り上げて、その一例を見ていきましょう。ここでは、指導のねらいに応じて工夫しているものの、言語活動とは結び付いていない、もう一工夫が欲しい指導過程と、子供が学ぶ必然性を実感できるよう一層の改善を図った指導過程との対比で見ていきましょう。なお、指導のねらいは中学年「C読むこと」のエの指導事項のうち、「場面の移り変わりと結び付けて登場人物の性格を具体的に想像して読む」こととします。

【Before の指導過程】（○囲み数字は第二次における指導の時間）

①物語全体を通読し、およその内容をつかむ。
②物語の主人公の性格を想像して、感想を書く。
③物語全体から、登場人物の性格が分かる行動や会話を見付けてサイドラインを引く。
④交流して、登場人物の性格を確かめる。
⑤登場人物の性格を想像するためには、物語の中の複数の叙述を結び付けて読めばよいことを理解し、登場人物の性格を書きまとめる。
⑥教科書教材の登場人物の性格やどこからそのような性格だと考えたのかを紹介し合う。

作品の読み方を教えることを中心に据えて指導するならば、こうした指導過程をとることは考えられます。また日常的に読書に親しんでいる子供や教師の提示する課題をすぐにも自分の課題と捉えていち早く取り組む子供ならば、こうした学習にも十分主体的に取り組み、残りの二時間で、手際よく自分の選んだ物語の登場人物の性格をカードにまとめられるかもしれません。

一方で、これだけではなかなか学ぶ目的を感じられなかったり、仮に「複数の叙述を結び付ければ性格が想像できる」などと知識的にはまとめられても、自分で選んだ物語の読みには結び付けられなかったりする子供もいるのではないでしょうか。そうした子供をつぶさに見てみれば、決して「物語の読み方」といったものを教えれば読めるわけではないことが分かります。考えてみれば、私たち自身も「物語や小説の読み方」「映画の鑑賞の仕方」の技術を教えてもらわなければ読んだり鑑賞したりできないわけではありません。むしろその前提となる「大好き」「心に響く」「強く魅力を感じる」といった作品等に対する意識があり、それをよりよく言語化する際に、例えば「そのわけを説明する」といった状況において「どのように読むのか」をはっきりさせる必然性が出てくるものなのです。

では続いて、より学習者の視点に立って、主体的、自律的に学べるようにするための手立てを工夫した指導過程の一例を見てみましょう。

【After の指導過程】（○囲み数字は第二次における指導の時間）

①「イチオシの登場人物紹介カード」で紹介することに向けて、物語全体を通読し、およその内容をつかみ、好きな登場人物を見付け、カードの「あらすじ」の下書きを書く。

②「好きな登場人物らしくていいなあ」と思う叙述を、物語全体から見付け、交流しながら特にその人物らしさが表れている複数の叙述を「イチオシの登場人物紹介カード」に書き抜く。

③交流して、登場人物の性格を確かめることを通して、登場人物の性格を想像するためには、物語のなかの複数の叙述を結び付けて読めばよいことを理解し、登場人物の性格とそう考えた理由を「イチオシの登場人物紹介カード」に書きまとめる。

④イチオシの登場人物の性格やどの叙述からその性格だと考えたのかを紹介し合う。

この学習指導過程は、どの時間も「イチオシの登場人物紹介カード」で紹介することと密接に結び付いていることが分かるでしょう。また、「イチオシの登場人物紹介カード」のパーツ構成である、「あらすじ」「登場人物らしさがよく表れている叙述の引用」「大好きな登場人物の性格などを紹介する文章」が一つ一つでき上がっていく学習過程にもなっていることが分かります。

なお、Afterの②の時間では、「好きな登場人物らしくていいなあ」と思う人物の言動を見付ける学習になっています。通常は、「登場人物の性格が分かる会話や行動に線を引いてみよう」といった指示をしがちですが、この指示をしてしまうと、多くの場合線だらけになって収拾がつかなくなります。主人公クラスの登場人物であれば、性格が想像できる描写は作品中にとても多く描かれているからです。一般論的な「読み方」を知識として教えることが主目標になってしまうとこうした状況に陥りがちです。

子供たちの目当ては、「イチオシの登場人物」の性格を紹介することですので、人物の言動のなかでも「とりわけこの叙述」という判断ができるようにすることが重要な意味をもつのです。

ロングレンジの学習活動は、単位時間のある学習活動だけを工夫するのではなかなか成立しません。反対に、単元全体を通して見通しをもち、必然性を実感しながら学べるようにすることで、子供一人一人が安心して学習に取り組み、自律的に学び進めることが可能になります。

▼習熟のしやすさや学びやすさに配慮した指導過程の選択

ところで、前項で例示した Before が六時間なのに After は四時間になっているのはなぜでしょうか。それは、After の①〜④を教科書で学んだら、それと基本的には同様の学習過程で自分の選んだ本を読み、「イチオシの登場人物紹介カード」にまとめていくことができるようにするためです。

子供たちが自律的に学べるようにするためには、見通しをもつことが重要になります。その際、教科書教材で学んだことや学ぶ手順を生かして、自分の選んだ本で同様の学習過程をとることで、より自信をもって学習を進めることが可能となります。

従前も発展読書として、教科書で学んだ後に一、二時間程度自分の選んだ本や文章を読むといった学習過程はとられてはきました。しかし時間の確保が十分ではなく、指導の効果が得られないままになっていくことも多い状況が見られました。

自分の選んだ本や文章でも同様に学ぶことができるようにすることで、繰り返しの学習が可能となり、習熟が図りやすくなります。またドリル的な練習学習にとどまるものではなく、強い思いをもって選んだ物語を紹介するわけですから、子供たちの学びの姿もぐんと主体的になります。

　下の写真では、子供たちがその見通しをはっきりもって学習を進めることができるよう、単元の学習計画表でも、常に意識できるようにしています。写真の右側から左側に学習が進むにつれて、教科書で学び、その上で自分の選んだ作品の魅力を伝える学習（写真囲み罫部分）を行うことが一目で分かります。なお、画面下部にある上向きの矢印は、本時の学習の位置付けを示しています。

　こうした単元計画は、教科書の読みの段階では十分ではなかった子供に対して、よ

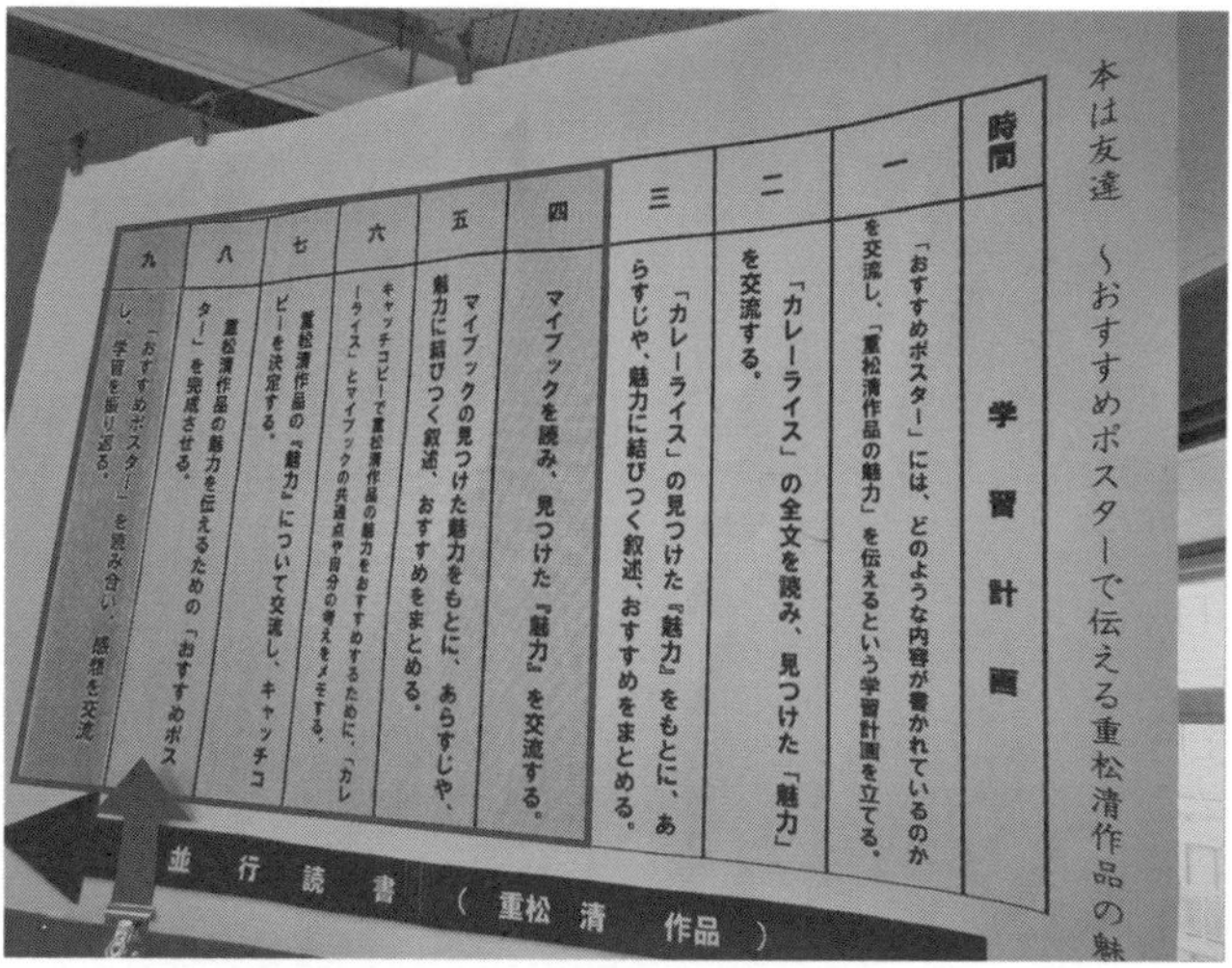

教科書の読みと並行読書材の読みを密接に結ぶ単元構成

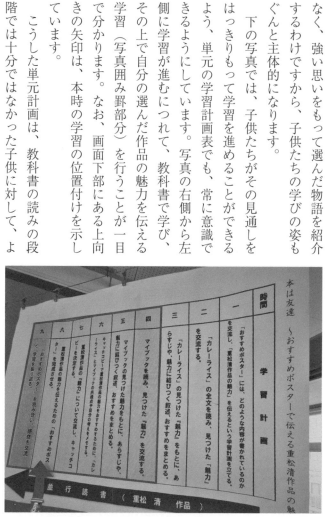

り重点的な指導を行う場としても有効です。また日常的に読書に親しむ環境にない子供を読書へといざなう有効な手立てでもあります。

特に、クラスに特性のある子供が在籍している場合は、なおさらこうした指導の工夫改善が重要になります。視覚的にも分かりやすく、またこだわりの強さがある子供の場合はそれをむしろ生かして、何度もお気に入りの作品を読み込むことで、大きな学習成果を引き出すことも期待されます。

近年は、こうした学習過程のバリエーションが多様に工夫されています。下の写真の単元計画では、教科書教材と自分の選んだ作品とを、同じ視点で交互に読み進めて

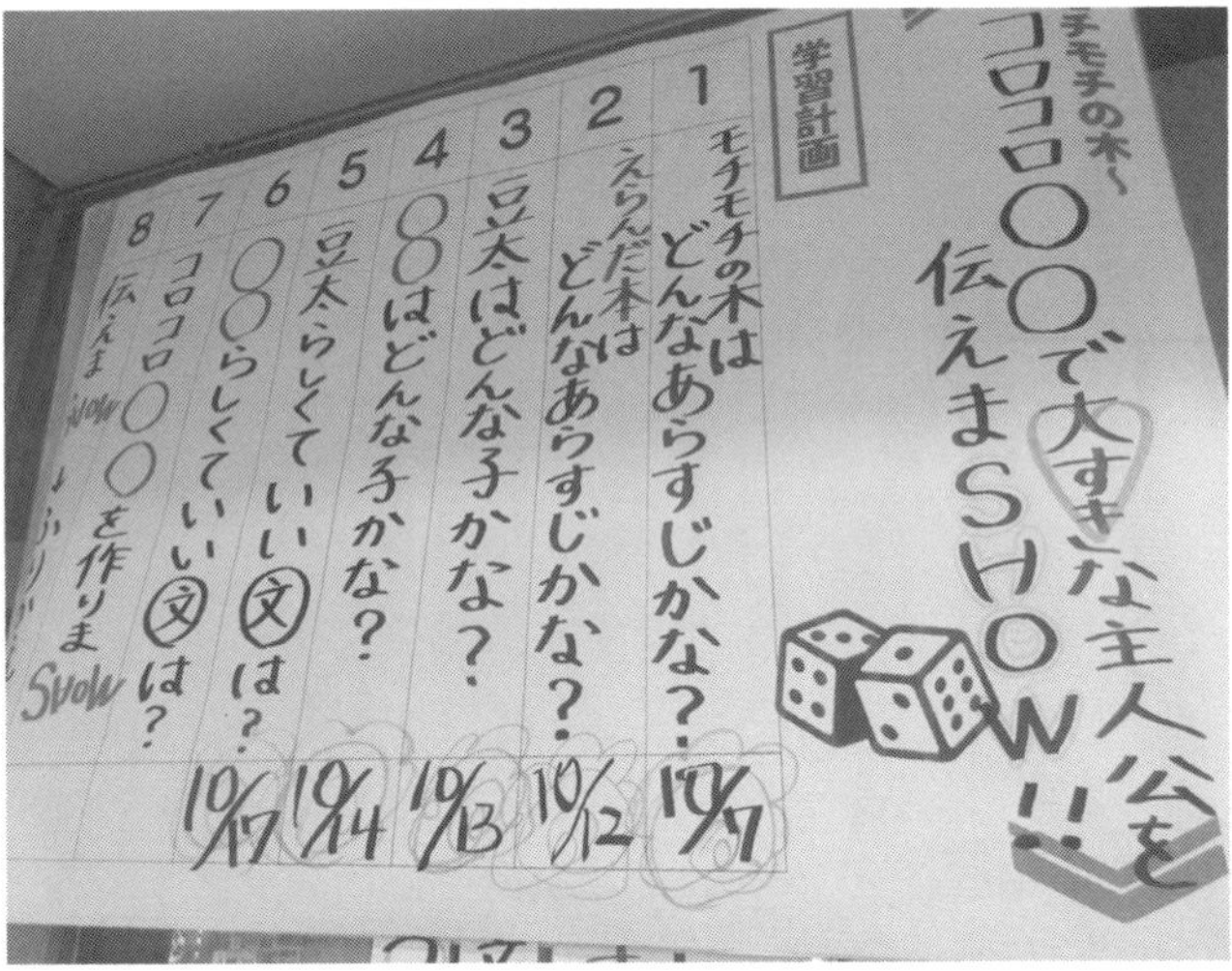

教科書教材の学びを選んだ本に生かす見通しを視覚化

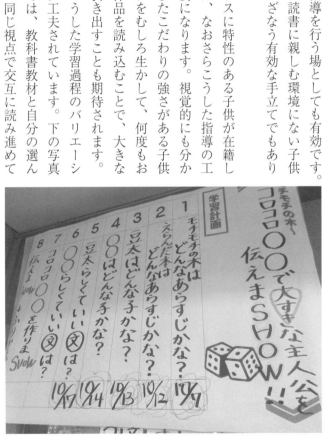

いく工夫がなされています。一見子供たちは戸惑うのでは、と案じてしまいそうですが、実際にはそのようなことはありません。この単元では、自分の選んだ物語の大好きな主人公について、サイコロ型のツールのそれぞれの側面を用いて、主人公の性格が表れている文を選んで書き抜いたり、想像した性格を説明したり、あらすじを紹介したりしていくという魅力的なゴールが設定されています。そこに向かうために、一つ一つの側面を、まず教科書の物語を読んでつくってみたら、それを生かして次の時間は同様に選んだ物語で行ってみるという学習計画になっているのです。

このような学習計画のメリットとしては、子供たちが教科書で学んだことを、間を置かずにすぐ自分の選んだ物語の読みに生かすことができる点が挙げられます。単元全体で、まず教科書で数時間学習した後、自分の選んだ作品で数時間同様の学習を行う場合、一通りの学習の進め方が把握しやすい反面、教科書で学ぶ時間と選んだ作品で同様の学習を行う時間との間隔が長くなるために、教科書ではできるけれど、自分の選んだ作品では難しいという状況が、特に低学年になればなるほど見られました。こうした点を解消し、子供の学びやすさを高めるために考えられた学習過程の工夫なのです。

特に自分の選んだ作品で学ぶ場合は、前時にほぼ同様の学習展開を教科書教材で経験していますから、子供たちの本時の学習の見通しは、極めて鮮明になります。

更に、教科書教材で学んだことを、一層ダイレクトに選んだ本や図鑑での読みに生かせるように、単位時間内で「教科書教材→選んだ作品や図鑑」というように学び進める学習過程も開発されています。学んだことの生かしやすさという点では最大化できる工夫です。とりわけ低学年の子供たちの実態に合っている学習過程と言えるでしょう。

一方で「低学年の子たちが教科書と本や図鑑を同じ時間に読むなんてとても無理」と思う場合もあることでしょう。しかし子供たちの様子をつぶさに見てみましょう。例えば単元の導入で「教科書を読んだ後は自分で選んだ乗り物の図鑑を読んでみよう」と示して教材文を読み続けていくと、「先生、図鑑はいつになったら読むの」などと待ちきれない子供もいるのではないでしょうか。そうした子供の意識は、本来は学びの大きな推進力となります。それを生かさない手はありません。また現実問題として一年生の子供たちの場合、四十五分間を教科書教材だけで展開すると、かなり指導を工夫しても、途中で集中力が途切れてしまう子供が出てくることはないでしょうか。そんな時に「じゃあ次は自分のお気に入りの本を机から出してごらん」などと指示すると、再びやる気に満ち溢れた姿が見られるようになります。

こうした学習指導過程は、あくまでも子供の実態を踏まえ、単元の指導のねらいや言語活動の特性等を踏まえて柔軟に工夫するものです。当然特定の型にはめる指導を目指すものなどではありません。むしろ、「全文を通読し感想を書く―段落ごと場面ごとに読み取る―主題や要旨を捉える」といった、画一的になりがちな従来の指導過程を改善するための工夫だと言えるものです。こうした工夫改善は、目の前の子供たちの姿をつぶさに見極めた上で、創意工夫のなかで、従来の固定化された指導過程を改善していった例だと捉えていただく必要があります。

ここでは基本的な指導過程の工夫例と二つのバリエーションを示しましたが、それぞれ一長一短ありますし、これらを組み合わせた指導過程にする場合もあります。実践に当たっては、それぞれの特徴や指導の意図をしっかり理解することが肝心です。例えばせっかく単元の学習計画表を作成したのに、本時で全く触れないのでは、効果を発揮させることができなくなってしまいます。

指導の意図を自身で十分把握した上で、まずは目の前の子供たちの実態に応じて取り組んでみたい工夫について、選んだり更に工夫を加えたりしてチャレンジしてみましょう。

▼子供たちが必然性をもって取り組める課題の設定

①単元全体の学習課題設定の配慮点

近年の授業改善を通して明らかになってきたのは、学習課題として、いかに子供たちにとって強い思いをもてるものを設定できるかで学びの姿がおよそ決定付けられるということです。これは、いかに魅力的な言語活動を設定するかが重要であることとも関連するものです。なお、ここでいう学習課題とは、言語活動を行う際の具体的なテーマのことを意味します。例えば調査報告文を書くという言語活動を行う場合、どんなテーマで文章を書くのかといった課題設定のことを指すものです。

教師が示した学習課題に即応し、それをすぐにも自分のものとして躊躇なく取り組む子供の育成を目指すなら、そうしたことは問題とはならないのかもしれません。しかし、子供一人一人に目を向け、必ずしもそうした課題提示に乗ってくる子供ばかりではないといった状況を改善したいと願うならば、学習課題の設定を工夫することは大変重要なこととなります。

例えば高学年の「書くこと」の単元で、解説する文章を書く学習を例に考えてみましょう。仮に、〔思考力、判断力、表現力等〕「B　書くこと」(1)の次の指導事項を重点として指導するケースを検討してみます。

ア　目的や意図に応じて、感じたことや考えたことなどから書くことを選び、集めた材料を分類したり関係付けたりして、伝えたいことを明確にすること。

この指導事項を指導する際、子供自身が「このことをぜひとも解説したい」「こんな魅力を多くの人に伝わるように解説したい」といった「目的や意図」を明確にして書くことができるような学習課題の工夫が重要になります。

通常は、教科書教材に具体的な題材が例示されています。教科書教材の題材は、全国のどの地域の子供たちにとっても取り組みやすいように配慮されて示されています。しかし全国のどの地域の子供たちにとっても最適な題材を選ぶということは極めて難しいことでもあります。そこで、学年やクラスの子供たちの実態に基づいて、教科書教材の趣旨を踏まえながら、指導事項を効果的に指導できるよう、より強く課題意識をもてる課題設定を工夫することが重要になります。

例えば文化や自然環境を扱うテーマの場合、教科書教材ではそのテーマに即してある特定の地域の文化の魅力や自然環境の現状とその保護活動など、具体的な内容を取り上げて解説文を書くこととされているのが一般的です。その場合は当然、取り上げられている内容が、自分の学校の地域とかなり離れているものであることなどにより、なかなか子供たちが課題意識を膨らませにくい場合も出てきます。

こうした場合、例えば教科書教材で取り上げているテーマのなかでも、目の前の子供たちがぜひとも解説文を書きたいと思えるような身近で課題意識をもっているような題材を選べるようにすることが、指導の工夫として大変有効になってきます。また指導事項との関連でいえば、「目的や意図」を明確にもちやすく、材料も集めやすくなります。そして何より子供自身が強く「伝えたいこと」を書く学習にすることができます。

このことは、言語活動の質を高める上でも非常に有効です。「解説文」を書くのであれば、対象について調べて初めて分かったことなどを書く「調査報告文」とは異なり、その対象について、ある程度熟知しているというスタンスで書くこととなるからです。そのため、同じように調べた上で書く場合でも、中学年で書く「調査報告文」ならば、例えば具体的な文章の表現として、「……ということが分かりました」といったものになりますが、高学年などで書く「解説文」であれば、「……について調べてみると、やはり……になっているることが分かります」といった書き振りになることが多くなります。そうした文章を書くのであれば、同じテーマでも、子供たちがこれまで全く触れてこなかった題材について書くよりも、身近に触れてきたり、課題意識をもっていたりする題材の方が、高学年にふさわしい学びの姿を実現しやすくなるでしょう。

こうしたことは他の学年や領域についても同様です。領域ごとの特質に即していえば、「話すこと・聞くこと」であれば、子供たちが「ぜひとも話したい、聞きたい」「話し合う必要性がある」などと強く思える話題を選べるようにすることがとても大切になります。同様に「読むこと」であれば、子供自身が強い思いをもって読めるような本や資料を手にして学べるようにすることが、学びの質を飛躍的に高めます。

低学年の子供たちの姿でいえば、内容の大体を捉えてあらすじを説明する活動において、教科書教材を、時間をかけて読み取らせても、なかなかあらすじを説明できない子供が見られる場合があります。しかし自分の大好きなお話であれば、その内容をまだ読んでいない人に何とかして伝えようと何度も物語を読み返し、あらすじを説明していくうちに、内容の大体を適切に把握できるようになっていくといった姿が実現していくのです。こうした、学習対象などを、子供自身が選択できるようにすることで、学びを最適なものに調整しようとする姿が生まれやすくなり、個別最適な学びの実現につながっていきます。

②本時の学習課題設定の配慮点

本時の学習課題設定においては、前述のように、単元全体の言語活動としっかり結び付いていることが子供たちの自覚的な学びのための重要な手掛かりとなります。例えば低学年の読むことの指導で、文学的な文章の精査・解釈である〔思考力、判断力、表現力等〕「C 読むこと」の指導事項、

エ 場面の様子に着目して、登場人物の行動を具体的に想像すること。

を指導する際の言語活動として、「お気に入りの物語の大好きな場面をペープサートで紹介する」ことを設定した場合には、それとは無関係に場面ごとの読み取りをするのではなく、「ペープサートで演じることに向けて」という意識を各単位時間でも明確にしながら、例えばある時間は演じたい大好きな場面を見付けたり、またある時間はその場面を何度も読み返しながら、人物の言動を想像してペープサートで演じてみたりするといった学習活動が想定できます。

その際、「活動ばかりで読みが浅くなるのではないか」などと案じて安易に活動なしの読み取りだけの指導に戻せばよいわけではないことに留意が必要です。子供たちの「読み

が浅い」のは、活動を行うからではなく、むしろ必然性のない無目的な読み取りに終始する結果生じることが多いからです。例えばペープサートを実際に教師自身が動かしてみれば、よく読まないでは演じられないことを、実感できるでしょう。またその際、「何度もその場面を読み返して、行動や会話を声に出して想像していくことで演じることができる」といった、子供たちに示す具体的なポイントもはっきりしてきます。

なお、ペープサートと類似の活動に「動作化」があります。かなり以前から低学年の読むことの指導では取り入れられてきました。確かに、叙述を基に、登場人物の行動を想像するのに適した活動ではあります。しかし、「動作化」は主に教師の指示によって行われる単発の活動になりがちです。その場では動きを伴って楽しく活動するようには見えるのですが、「動作化」自体では言語活動としては完結しません。そのため、子供たちの自律的な学びにつなげていくためには、「動作化」することが何らかの目的に向かっていくものとなるようにするなど、もう一工夫も二工夫も必要になってしまいます。

「主体的・対話的で深い学び」が単元のまとまりで実現していくとされているのと同様に、子供たちの自律的なロングレンジの学習活動は、単元全体の構想と密接に関連して実現していきます。

▼単位時間の学習の精緻な想定と具体化

ここまで、単元構想と単位時間の構想のポイントを見てきました。こうしたことを踏まえた上で、子供たちが単位時間の学習活動を、ロングレンジで自律的に学び進めていくことを実現するためには、教師としては子供の学びを詳細に想定しておくことが大切になります。手立てなしに子供たちの素晴らしい学びを期待するのではなく、そのような学びを誘発するための教師としての準備が必要になるのです。

具体的には、例えば学習指導案や教材研究ノートなどに子供たちの動きを詳細に書き出してみるとよいでしょう。ただし、ロングレンジの学習活動は、研究授業の本時に初めて取り組ませるようではうまくいきません。日常的な指導の積み重ねが重要です。

研究授業の学習指導案の本時の「学習活動」の記載欄を見ると、典型的には次のように記されているケースが多く見受けられます。

1　本時の学習の目当てを確かめる。

2　（目当てについて）一人で考える。

3　ペア（もしくはグループで）考えを交流する。
4　考えをまとめる。
5　振り返りを行う。

こうした学習展開上の留意点については、第2章第2節で検討してきました。そうした点を踏まえれば、学習展開上はうまくいきそうです。しかし、授業を具体化する際、「一人で考える」「考えを交流する」「考えをまとめる」といった学習活動が、実際にはどのように行われればよいのかがあまり想定されずに本時を迎えてしまうといったこともあるのではないでしょうか。教師が想定していなければ、子供が自律的に学ぶための手立てが的確にとられず、その結果教師が逐一の指示を出して子供を動かさざるを得なくなる状況に陥りがちです。

そこで、具体的にはどのように子供の動きを想定すればよいのか、その一例を取り上げ、詳細を検討してみましょう。

ここでは近年、特に入門期の子供たちが登場人物の会話を想像して読むことを確実に定着できるように開発された「マイ吹き出し」の実践を基に検討してみます。「マイ吹き出し」は、白抜きの吹き出し型のシートを用いて物語の挿絵などに当てて登場人物の会話を想像するツールです（写真参照）。子供たち一人一人の手持ちの吹き出しであることからこのような名前がつけられていましたが、現在では「お話吹き出し」「大好き吹き出し」などといろいろな呼称で多くの地域や学校で実践に取り入れられています。

これよりはるか以前から、物語を読み取って、想像した登場人物の会話を吹き出し型のワークシートに書くといった実践は行われてきました。しかし時間をかけて読み取らせても、吹き出しには通り一遍の言葉しか書けなかったり、書いたものを交流させようとすると、それを読み上げるのがやっとといった状況が見られたりしていました。またそもそも一年生の場合は、吹き出しに文章を書くだけで多大な時間を要してし

子供の想像を刺激する「マイ吹き出し」の効果的活用

まいます。そのため、時間をかけても一度しか会話を言語化できず、その結果学びの質が高まらないという状況に陥るケースが散見されていました。

そこで、白抜きの吹き出しを用いて、何度も文章を読んで会話を想像し、それを口頭で表現することで言語化し、一人一人が確かに会話を想像できるように開発されたのです。低学年の子供たちの姿としては、「マイ吹き出し」を手にして絵本を読むことで、教師の発問や指示を待たずとも、登場人物の会話を自然に想像していく様子が見られます。ただし「マイ吹き出し」も動作化同様それだけでは目的が明確な自立した活動にはなりません。

そこで例えば、「お気に入りの物語の大好きな場面を、『マイ吹き出し』で紹介しよう」といった言語活動にすることで指導のねらいに合った効果を引き出すことができます。

では改めて、本時の子供たちの学びをどう具体化するかを検討していきましょう。

指導のねらいは、低学年の〔思考力、判断力、表現力等〕「C　読むこと」(1)の次の事項です。

エ　場面の様子に着目して、登場人物の行動を具体的に想像すること。

本時は右に例示した言語活動のうち、自分が選んだ大好きな場面について、吹き出しを当てて会話を想像することを、ペアで繰り返し行い、十分に想像できたらお気に入りの想像した会話を吹き出しカードに書き出す時間です。この時間の学習過程のうち、学習の目当てを確認し終えた後のロングレンジの学習活動は、次のように想定することが可能です。

①お話の好きなところを声に出して読む。
②吹き出しを好きなところの挿絵に当てながら、想像した会話を口頭で付け足してみる。（一回だけでなく何度も。隣の人に聞こえるぐらいの声で）
③「もう交流してみたい」と思ったら、並行読書マトリックスを見てペアを組む。
④ペアを組んだら、空いた席を見付けて、横並びに座り、最初に会話を説明する子供が本を真ん中において大好きな場面のページを開く。
⑤二人一緒に大好きな場面の叙述を指さしながら、文章を声に出して読む。
⑥最初の子供が、吹き出しを好きな場面の挿絵に当てながら、想像した会話を話してみる。
⑦ペアの子供と感想を述べ合ったり、新たな会話を想像したりしながら対話する。
⑧ペア交流が終わったら、再び並行読書マトリックスを見て、相手を見付ける。何度も相手を変えながらペアで交流してみる。
⑨「もう大丈夫」と思ったら、自席に戻って、想像した会話を、好きな場面の挿絵に当てて話してから、吹き出しカードに書く。

⑩ペア学習の合間に、一人で言葉を考えてみたくなったら、自席で①、②を繰り返し、自信がついたら③以降に戻る。

実はこれら一つ一つの所作には、子供の意識や言語の実態と指導のねらいを踏まえた意図が込められています。それこそ数えきれないほどの先行実践の蓄積から見えてきた指導のポイントを凝縮したものです。

例えば②で、「(一回だけでなく何度も。隣の人に聞こえるぐらいの声で)」と補足しているのは、手立てを打たないと子供たちは聞こえない声で話してしまい、その結果言葉を自覚しにくくなっていくことが多いからです。また、④で必ず座って交流するようにしているのは、叙述を相互に確かめながら学習を進められるようにするためです。

重要なのはこのような指導の意図を踏まえて子供の学びの姿を具体的に想定しておくことです。そのため、これらの手順を型通り踏襲することが目的ではもちろんありません。

その上で、こうした手順を仮に想定したら、逐一の指示で子供たちに活動させるのではなく、子供たちが魅力的なゴールに向かう見通しをもち、こうした学習にも十分習熟した上で自律的に学び進められるような手立てを工夫していくこととなります。

第2節
カリキュラム・マネジメントを生かした年間の指導ステップ

▼ゴールから逆算した指導の積み重ね

前節の学習の詳細を見てどう感じたでしょうか。このような細かい指示をこれほどたくさん出していてはとても子供たちは消化しきれないと感じられたことでしょう。もちろん低学年の子供たちに本時にこのような数多くの指示を畳みかけては到底成果は期待できません。

しかし、仮に二か月後に自分のクラスの子供たちが、こうした学びを自在に行えるようにしたいと考えるならば、いろいろな手立てを講じることができます。より具体的には二か月後に研究授業を行うことに向けて、明日からできることを検討してみるといった対応が想定できます。そこで、例えば次のような点からできることは何かを探ってみましょう。

○二か月後までに、国語科で同じ領域の単元があるか。
○二か月後までに、国語科の他領域の学習活動で、同様の学習活動を行う場面がつくれないか。
○国語科以外の他教科等で、類似の学習を取り入れる単元や題材があるか。
○学習活動以外の学校生活や家庭学習などで類似の活動を行うことができないか。

国語科で同じ領域の単元があれば理想的ですが、二か月間ではなかなかそうした単元がないことの方が多いでしょう。言い換えれば、取り組みをスタートするのが早ければ早いほど、同じ領域の学習で習熟を図りやすくなりますので、子供たちにも授業実践者にも大きな負担なく準備を進めることができるわけです。

しかし、だいぶ早い段階から準備を始めないとこうした実践を行うのは無理だとあきらめることはありません。まず国語科以外の学習活動でも同じような学習活動を取り入れて習熟を図る機会を検討してみましょう。

具体的には前掲の①〜⑩のうちのいくつかについて、どのような場面を生かすことができそうかを考えてみます。

「①お話の好きなところを声に出して読む」ことについては、家庭学習との連携が考えられます。従前は指定された教科書教材を音読していたものを、例えば大好きな物語のお気に入りの場面を子供自身が数ページ程度範囲を指定して音読したり、留守家庭に配慮しつつ誰かに聞いてもらったりする形にするだけで、大きな効果が得られます。もちろん教科書教材でも同様の取り扱いが可能です。

「②吹き出しを好きなところの挿絵に当てながら、想像した会話を口頭で付け足してみる」ことについては、朝読書の時間が生かせそうです。「マイ吹き出し」は手持ちである点が特徴ですので、この時間に加えて、日常の読書の際にも使えるようにすれば効果は一層高まります。もちろん家庭学習でも使えます。

③に例示した並行読書マトリックスの特徴や機能については後述しますが、大きくは子供一人一人の並行読書の状況を一覧にすることで、交流の相手を判断するための手掛かりにするなどして活用するものです。これは、国語科以外の各教科等の学習で、一人一人が選んで取り組む学習活動の際に、やはり交流の手掛かりとして活用するなどして習熟を図ることができます。

④～⑦の交流の活動については、例えば算数科の学習活動でも取り入れることが可能です。学習指導要領では、第二学年の〔数学的活動〕として、「エ　問題解決の過程や結果

を、具体物、図、数、式などを用いて表現し伝え合う活動」が示されています。国語科の「読むこと」の学習の場合は、交流の際に叙述を指さしたり文章を声に出して読んだり、本のページをめくったりしながら、登場人物の会話を想像したりすることとなりますが、算数科の交流の場合は、「具体物、図、数、式などを用いて」伝え合うこととなります。

⑨も同様です。交流して考えがすっきりしたら、「具体物、図、数、式などを用いて」ノートなどに整理して書きまとめるといった活動が考えられます。算数科の学習を例に挙げてみましたが、例えば図画工作科や音楽科など、様々な教科等でも取り入れることが可能です。いずれの場合も、各教科等のねらいや特質等をしっかり押さえ、そこから外れないように留意しつつ、国語科の学習に機能する活動を生かしたり、反対に国語科で身に付けた言葉の力を生かして、各教科等の学習をより効果的に進められるようにしたりすることが大切になります。

なお、これと同じことですが、国語科の学習においても、ゴールから逆算して指導すべきことを明らかにしていくことが重要です。例えば「読むこと」で紹介する言語活動を行うのであれば、「話すこと・聞くこと」の紹介スピーチの学習成果なども生かせるように意図的・計画的に指導していきます。

▼言語活動経験の意図的な積み重ね

例えば、先にご紹介した「イチオシの登場人物紹介カード（七四頁）」など、いわゆるリーフレット型ツールは子供たちにとって明確なゴールとなりますが、初めて取り組むのでは実感を伴った見通しはもちにくい状況からスタートすることとなってしまいます。

理想的には、低学年から様々な魅力的な言語活動を体験していることで、無理なく当該の単元の言語活動に取り組むことができます。そのため、学校全体で国語科の授業改善に取り組むことは非常に大きな意味をもちます。

ただし、前学年までに理想的な状況になっていなければ言語活動が行えないわけではもちろんありません。年間を通して、次のような側面を意識して、できるだけいろいろな単元で取り組んでいくことで大きな効果が得られます。

①言語活動を通した資質・能力育成の面から

例えば、「イチオシの登場人物紹介カード」の例であれば、「あらすじ」「登場人物らしさがよく表れている叙述の引用」「大好きな登場人物の性格などを紹介する文章」で構成されていたわけですが、第三学年の二学期にこうした学習活動を行う際には、一学期の単元で、「C　読むこと」のイの指導事項を指導する場合などに、内容の大体を捉える上で、「あらすじ」をカードにまとめて紹介する活動などを重点的に行うことが有効です。こうしたことが既習学習経験としてあれば、二学期の単元では「あらすじ」を書きまとめる指導にあまり時間をかけずに済みます。その上で、単元の指導の重点であるエの指導事項の「登場人物の性格を具体的に想像すること」に直結するパーツである、「登場人物らしさがよく表れている叙述の引用」「大好きな登場人物の性格などを紹介する文章」について、物語を読んでまとめる時間を十分確保することができるようになります。

②活動そのものへの習熟の面から

もう一つの側面は、活動そのものへの習熟を図っていくということです。仮に本単元で、リーフレット型ツールで紹介する言語活動を取り上げるのであれば、物語を読んでツールにまとめたり、紹介したりするという言語活動体験を、それまでに積んでいることがとても大切になってきます。そうした先行の体験があれば、さらっと読んだ後で活動するだけでは不十分で、自覚的にしっかり読み込まないと、リーフレットにもまとめられないし、紹介もできないことが実感できます。またそれ以上に、何度も読み返してまとめたり紹介したりできたよさも実感でき、次の学習へのエネルギーになります。

これと併せて、多様な言語活動の学習経験を積むことも大切です。例えば特定の相手に向けて紹介するといった場合の相手意識は、はじめは漠然としたものです。しかし、そうした言語活動を繰り返すことで、「相手を意識して」言葉を用いることが実感としてできるようになっていきます。

③読書体験など言語生活の充実の側面から

「読むこと」の能力育成の基盤は豊富な読書体験です。クラスのなかに、教科書教材を、時間をかけて読み取らせてもなかなか読めていない、あるいは誤読しているといった状況に陥っている子供が見られる場合があります。そうした場合、「まず場面ごとにしっかりと読み取らせないと」と考えて更に教材文を細かく読み取らせるものの、やはり効果が上がらないケースが散見されます。一方、クラスのなかには教材を一読すればほぼ「読めている」状態に至る子供もいます。両者の違いはどこにあるのでしょうか。

大きな要因として、それまでの読書体験の質と量の違いがあるものと推測されます。いわゆる読める子供は、就学前から読み聞かせをしてもらったり、家庭に本や図鑑がたくさんある読書環境のなかで育ったりしていることも多いのではないでしょうか。

一方でそうした読書環境に恵まれない子供もいる可能性があります。一読して物語のおよその展開が把握できる子供は、それまでにたくさんの物語の読書体験を通して、様々なストーリーパターンが頭のなかにあると思われます。それを、今読んでいる物語の展開の理解に役立てることができているのです。

こうしたことを踏まえると、ある単元で十分に読む能力を育成しようとするならば、その単元までに可能な限り、類似のストーリー展開の読書体験を積ませることができれば、一層の指導の効果が期待できます。とはいえ、期間が限られている場合は特に、

○本や文章を子供自身が選んで、
○じっくり読み、
○感じたことや考えたことなどを伝え合う。

という三つのポイントを踏まえた読書を行うことで大きな効果が得られます。

これは語彙力の育成にもつながります。語彙力が乏しいから読めないと思う場合もあるでしょうが、むしろ読んでいないから、あるいは読んだことを伝える機会をなかなかもてないでいたから語彙が十分でない状況にあることが多く見られます。そうした場合は日常的にこの三つのポイントを踏まえた読書体験を積むことが有効です。

▼交流など具体的な学習体験の意図的な積み重ね

先述の①～⑩の活動（九八頁）の中心部分に交流の活動がありました。子供たちが授業で十分に交流を通して学ぶことで、学びの質がぐんと高まります。しかしそのためには用意周到な準備が必要です。日常の学習活動で交流の場があまりないままに、研究授業の本時に急に交流させようとしてもなかなかうまくいきません。

反対に、クラスの子供たちが交流が苦手なように見えても、いくつかの点に留意して日常的に取り組むことで、大きな効果が期待できます。もちろん配慮が必要な子供もいますが、多くの子供は例えば休み時間などは、誰かに指示されずとも交流しています。そうした姿を踏まえると、交流を活性化するためのポイントとして、次のような点が挙げられます。

①「伝えたい」「聞きたい」という思いが膨らむ場を生かす

子供たちに限らず、私たちもそうですが、「伝えたい」「聞きたい」と強く思う場では、交流が活性化します。学校生活のなかでは、そうした場面がいくつもあることでしょう。

それらをぜひ生かしたいところです。特に低学年のうちは、誰かに伝えたくなるような思いが色あせないうちに、交流したり表現したりする場を設定することで、語彙も一層豊かになっていきます。

②交流の目的を自覚できるようにする

とはいえ、通常の学習場面では、①のような思いをいつも膨らませて交流させられるわけではないということも多分に考えられます。そうした場合も大切になるのは、交流する目的を子供自身が自覚できるようにすることです。第２章第２節「交流の目的の具体化と発達の段階による指導上のねらい（五四頁）」で述べたように、例えば「こんな発見をしたから聞いてほしい」「この点がまだはっきりしていないから、友達に意見を求めたい」などといった交流する目的を子供自身がもてるようにすることが大変重要になります。

反対に、これは私自身もよくやりがちだったのですが、発問して挙手が少ない状況に陥った時に「じゃあ隣の人と交流してみて」といった指示が出されることがあります。確かに授業する身としては、子供たちが動き出しますので安心してしまいます。しかし今思えばこの形態は、子供自身の目的による交流ではなく、単に教師の指示による作業のようになっていました。こうした指示が何度も続けば、子供たちは、交流は教師の発問によりよく答えるために行うものだと誤解してしまいそうです。そのような意味で、もしもこの指示を行う場合は極力慎重に進めたいところです。

③交流を効果的に行う際に用いるとよい言葉を蓄積する

ペアやグループの交流場面で、「私は○○と考えています。わけは、……だからです。◇◇さんどうですか」といった固い口調になってしまい、自然なやり取りに至らないことがあります。相手や場に応じてきちんとした話し方ができるようにすることはもちろん重要ですが、例えば友達とのペア交流では、相手や場に応じた話し方としてはむしろ、もっと柔らかい口調で話し合えるようにすることをねらう必要がありそうです。

そうした場合の指導の手立てとして、従前から望ましい話し方の例を「話型」という形で提示する指導がとられてきました。ただこの「話型」による指導では、もともと話せる子供は使えるものの、肝心の話すのが苦手な子供はなかなか使えないという状況も見られました。話型を活用した指導を効果的に行う上では、次のようなポイントが大切になります。

○思考や判断をする過程を表現するものなどを多様に例示する。
○できるだけ自然な話し言葉に近いものを例示する。
○子供の発話からピックアップする。

前掲の「私は○○と考えています。わけは、……だからです」を例に考えてみましょう。この話型だけを示されると、「わけをはっきりさせないうちは、発言してはいけない」と思ってしまう子供が出てきてもおかしくはありません。そのため、「まだ迷っているけど、……」「はっきりとはまとまっていないけれど、……」などといった言い回しも例示してみるとよいでしょう。

更に、ペア対話ではもっと自然な口調を例示してみましょう。固い口調だと、相手も受け答えしにくくなってしまい、対話がうまく進みにくくなりますが、自然な口調を例示することで、相手からの反応も返ってきやすくなります。

こうしたことに加えて、子供たちの対話を、耳をそばだてて聞き、そこからピックアップして「○○さんの言い方」などと提示することで一層使いやすいものになります。教師側から下ろされたものではなく、友達の話し方だという認識があることから、他の子供も自在に加工修正して使いこなしやすくなるからです。

これまでに述べてきたようなことを生かしながら、子供たちが「交流してよかった」と思えるようにすることが、次の学習で「交流したい！」という思いを引き出すための大切な手掛かりとなります。

▼言語活動を通して見えてくる子供の実態に応じた指導

①個の状況が顕在化することで個に応じた手立てが打てる

一人一人が作品を選んで読み、考えたことを書きまとめる言語活動を行ったり、対話やグループ協議をしっかり取り入れたりする授業改善の取組を進めていくと、個人差が大きくて指導が難しいという状況に直面することがあります。また、あるペアやグループは話す力のある子供がいるので交流がうまくいくものの、一部のペアやグループは、なかなか交流が活性化しないといった状況が見られることがあります。

こうした状況が見られることは、指導上の困難さが浮き彫りになるというよりも、むしろ、より個に応じた指導を工夫するための絶好の機会であると捉えることができます。

このような学習の場で現れる個人差は、一斉学習場面ではなかったのでしょうか。そんなことはないでしょう。一斉学習場面でもやはり個人差はあったはずですが、それが見えにくくなっていたと解釈することができるでしょう。例えば全員が一律一斉に同じ文章の同じ場面を、同じように解釈する指導では、挙手し、指名を受けた子供の発言内容は把握できますが、挙手していない子供の思考は大変把握しにくいものです。もちろんノートなどにあらかじめ書かせる手立てもありますが、一斉学習場面では、学習の進行に伴って考えが変わってくる様子をリアルタイムに把握することはできません。

これに対して、一人一人が作品を選んで学習を進めるとなると、すぐにも作品を決め、読んで考えをまとめることができる子供がいる一方で、そもそも本を選べない子供がいる、あるいは、本は選んでも心に残る場面が見付からないといった、子供の個々の状況が顕在化してきます。そのため、例えば「この子供には本を選べるようにする指導が必要だ」「この子供には、心に残る場面が見付かるように、同じ作品を読んでいる子供同士で交流する機会を増やしていくことで支援できそうだ」などと個に応じた手立てを打つことが可能となるのです。

②交流の場での教師の見取りと支援

前項のように考えていくと、実は一斉指導場面は、個の見取りが難しい学習指導形態だと言えるかもしれません。一斉場面で発問や指示をし続けていれば、子供個々の学習状況を机間指導等で把握することがかなり難しくなってしまうからです。

その反対に、ロングレンジの学習活動で子供たちが自律的に学び進める状況をつくることができれば、教師はその分フリーで子供たちの個々の状況を把握する時間を長くとることができます。更にその学習活動で、ペアやグループで交流する活動を十分とることができれば、子供たちの対話や会話、そして交流への参加状況を把握しやすくなり、指導に生かす学習状況の評価も一層行いやすくなります。

これは何も目新しいことではありません。複式学級では、間接指導と直接指導を行き来する際に「わたり」と呼ばれる過程が出てきます。この「わたり」の際に、間接指導からすぐに直接指導に入るのではなく、しばらく間接指導のまま子供たちの学習状況を見極めてから直接指導に入るという工夫がとられてきました。また、複式学級の指導も、間接指導をいかに自律的な学びとして進められるようにするかという視点で工夫が重ねられてきたと言えるでしょう。

さて、教師の実際の動きとしては、机間指導で子供の学習状況を把握したり助言したりすることに加えて、ペアやグループの一員として話し合いに加わることも可能です。子供たちの交流が円滑に進まない場合は、外から指導するよりも、話題を方向付けたり、話し方を提示したりするなどの意図をもって話し合いに加わり、より自然な形で話し合う際の話し方のモデルを提示した方が効果的な場合が多く見られます。またそれ以上に、子供たちにとっては、教師が自分たちと同じ目線で話し合いに加わってくれるということは、とてもうれしいと感じられることなのではないでしょうか。

加えて、例えば相手を選んでペア交流するスタイルをとる場合、ある子供はなかなか相手を見付けられなかったり、うまくコミュニケーションがとれなかったりする状況が出てくる場合があります。それも、教師が交流相手を指定しているうちは潜在化してしまっていた子供の状況が顕在化してきたものです。そのため、「相手を見付けることができない子供がいるから教師が相手を指定しないと」と考えて、教師がいちいち交流相手を指定して交流させてしまうという対処法はあまり得策ではありません。ましてや一斉指導中心に戻してしまうのでは、授業改善の糸口は見えてきません。むしろそうした状況が可視化されることによって、何らかの対策を検討することが可能となります。

学習状況の中に見られる子供の人間関係上の課題に向き合うのであれば、例えば人間関係で相手を選ぶのではなく、純粋に学習課題に基づいて交流相手を判断し合えるようにするための手掛かりを提示し、交流を繰り返すことによって互いのよさに少しずつ気付いていけるようにしたり、同じ課題を一緒になって解決できたという充実感を味わわせたりすることも大切な手立てとなるでしょう。

第4章
「ロングレンジ」の学習活動を支える授業デザイン

第1節　子供自身の課題意識を生かした学習指導

▼話題、課題の設定の工夫

第3章第1節「子供たちが必然性をもって取り組める課題の設定（八八頁）」で基本的な考え方を述べていますが、ロングレンジの学習活動の基盤となるのは、子供たちにとって必然性のある課題の設定です。具体的には「話すこと・聞くこと」であればスピーチや話し合う際の話題、「書くこと」であれば子供たちが書こうとする題材が、子供が強い思いをもって取り組めるものを選べるようにすることが重要になります。

このことを踏まえて、より具体的な話題や題材選定の工夫を見ていきましょう。

①教科書教材の話題や題材の相手や目的を、より身近なものに置き換える工夫

教科書教材の話題や題材が子供たちの実態に合っていると判断される場合は、それを最大限生かします。その際、具体的な発信の相手をアレンジして、子供たちにとってより必然性をもてるものにする工夫があります。例えば第二学年の説明文を書く単元で、作り方を説明する文章を書く言語活動が設定されている場合などは、一年生に向けて書き、説明書を一緒に読んで作ってみるといった場の設定の工夫が考えられます。また高学年の提案スピーチを行う単元であれば、提案する相手を、同学年の他のクラスの友達にしたり、他学年に向けて提案する形にしたりするなど、子供たちにとって必然性のある相手を設定することも考えられます。更には、例えば地域の魅力を推薦するスピーチをしたり推薦文を書いたりする単元であれば、交流している離れた地域の小学校の同学年の相手とオンラインで発信し合ったり、書いた推薦文を届けて読んでもらったりすることも効果的です。

②教科書教材を子供の興味・関心のもてるものに置き換える工夫

教科書教材で取り上げている話題や題材を、クラスや学年の子供たちの身近なものに置き換えることなどによって、より興味・関心をもつことができるものにしていく工夫もあります。例えば、立場を決めて話し合う単元では、教科書教材で取り上げている話題をヒントにしつつ、「ぜひとも話し合って決めたい」と思えるような話題を選ぶことができれば、指導の効果が大きくなります。例えば子供たちが日常的に使う文房具について、その使用の可否を問う、あるいは、教室での過ごし方についてのルールを考えるといった話題などが想定できます。低学年の話し合いならば、「グループの名前を決める」といった話題もよいかもしれません。こうした話題を検討する際には、子供たちの意識の実態や関心事をつぶさに把握する必要があります。例えば子供たちに、話し合う話題としたいことを尋ねてもよいでしょう。

③各教科等の学習と関連付けて工夫して設定したもの

国語科以外の各教科等の学習とも関連付けて話題や課題を工夫することも大変有効です。例えば文化や環境保護の取組などが教科書教材となっている場合、それらのテーマ自体は非常に重要な視点であるものの、言語の教科である国語科では文化の詳細な継承・発展の歴史や環境保護のための技術開発などについて理解を深めることを目的とするものではありません。そうしたことを様々な実物資料で調べたり体験を通して実感したりすること自体をねらうことは他教科等の学習に譲ることとなります。

向き合うべき話題や題材に強い課題意識があればこそ、「話し合う必要がある」「ぜひとも書いて伝えたい」という思いが鮮明になり、言葉を自覚的に用いやすくなりますし、学びを自己調整しようという思いも湧き上がります。そうしたことを踏まえると、他教科等の学習で、その教科等の特質を踏まえて調べたり考えたりしたことをうまく生かし、国語科ではそれらを言語でよりよく表現することを学べるようにするという構図をつくるわけです。これはカリキュラム・マネジメントの典型的な視点とも言えるものでしょう。

なお低学年では、多くの場合教科書教材自体がかなり各教科等の学習内容と関連付けられていますので、そうした視点は更に無理なく生かせそうです。

④学校生活や地域生活と関連付けて設定する工夫

ある授業実践では、高学年で提案書を書く単元において、「委員会活動の取組のなかで自分が他学年に対して提案することを書く」という学習を行っていました。子供たちは自分自身が提案すべきことをはっきりさせながら、更に同じ委員会のメンバーで構成したグループで、提案内容の妥当性を真剣に検討していました。この実践では、提案書に書いた内容は実際に委員会活動のなかで他学年に提案し、実行してもらうという前提となっています。子供たちが、「〇日後の委員会活動で提案する」という具体的な見通しをもって学んでいましたので、その真剣度は大変高いものとなっていました。

同様の工夫は、地域生活での活動などでも可能です。ぜひアンテナを高くして、子供たちの課題意識が高まる話題や題材を見付けてみましょう。

▼並行読書の活用と多彩な選書の指導の工夫

①個別最適な学びに向かうための並行読書の意義

「話すこと・聞くこと」「書くこと」では話したり話し合ったりする話題や、書こうとする題材に強い思いをもてるものを選べるようにすることがポイントでした。これと同様に、「読むこと」では、子供一人一人が、強く思いを抱ける物語や資料を手にすることが、個別最適な学びやロングレンジの学習活動を支える基盤となります。そのための手立てとして多く取り入れられているのは並行読書です。しかしこれは授業改善の一環ですので、どのように取り入れたら効果的なのかを絶えず検討していくことが必要です。

並行読書とは、当該単元の指導のねらいをよりよく実現するために、共通学習材（通常は教科書教材）と関連させて、本や文章を読むことを位置付ける、指導上の工夫のことです。特に本に親しめない、いわゆる「読めていない子」「読めない子」は、一斉学習で教科書教材を精読させても、効果が上がらない場合が多々見られます。その際の対処法としては、そうした子供が大好きな本、お気に入りの物語をもてるようにするところから丁寧に指導することが大切になります。その場合、並行読書は特に大きな効果を発揮します。同時に、日常的に読書量が多く、一読すれば教科書教材の内容もほぼ理解できるような子供にとっても、もて余すことなくその可能性を一層引き出す上で並行読書は大変有効な手立てだと言えるでしょう。

ただしこれはあくまでも指導上の工夫ですから、目の前の多様な子供たちを最大限に伸ばしたいという願いの下に授業改善に取り組むなかで進めることが前提になります。そうした工夫改善にチャレンジしたいけれど、これから取り組もうとする、あるいはまだ取り組み始めたばかりという授業実践者から、「並行読書材を学級文庫に並べたものの、手に取る子供が限られている」「肝心の、なかなか読めない子供が読んでくれない」という悩みを聞くことがしばしばあります。

しかし、そうした悩みが出てくるということは、子供たち個々の「読むこと」についての状況が鮮明に見え始めているということをも意味します。既に授業改善に向かっているのです。

②子供たちが本を手に取るための具体的で多彩な工夫

では次の一手となる具体的な手立てを見てみましょう。ここではある学校で取り組み始めたばかりの先生方が、二年生の子供たちとともに様々な手立てを模索し、大きな成果をあげたケースで、実際に工夫して実践くださったあの手この手の手立て例をご紹介します。

○教師が読み聞かせをする。

○教師のお気に入りを紹介する。

○ペア読書をする。

○友達同士で好きなところを自由に話し合う。

○高学年の子供に読み聞かせをしてもらう。

○並行読書マトリックスを掲示する。

○教師がペープサートで物語を演じて見せる。

他にも様々な手立てがとられていましたが、単一の手立てではないということがポイントです。またこれらをご覧いただいて分かるように、国語科の時間のみならず、学校の教育活動全体を効果的に活用して様々に実践しておられました。なぜなら、どの子供にどのような手立てがヒットするか、事前に正確に分かるものではないからです。また同様に、どの本がどの子供の心に強く響くのかを正確に予測することは難しいことです。ましてや私たちがそれを子供に指定することはできません。ただ、こうした取組を重ねていくうちに、一人一人に合った手立てが見付かっていきます。後に実践なさった先生方からお聞きしたことですが、ある子供に対してはなかなか効果的な手立てが見付からなかったけれど、ペープサートで演じて見せたら、「自分でもやってみたい」と食い付き、何度も文章を読み返しながら演じようとする姿が見られたとのことです。

その結果、参観した研究授業では、支援を要する子供も含め、どの子供も夢中になって学び続け、校内の先生方がとても感激しておられました。更には、家庭訪問の際、学校で並行読書した本が自宅の本棚に置いてあり、それまではなかなか本を読まなかった子供が、保護者に本をねだって買ってもらっていたことが分かったのだそうです。国語の学習をきっかけに、子供が心に響く本を手にすることができれば、大げさかもしれませんがその子供のその後の人生にとって大きな意味をもつ出来事になるかもしれません。

低学年の例を挙げましたが、高学年でもその実態に合わせた取組を様々に行ってみることが大切です。一例を挙げると、なかなか本を手に取らない子供がいる場合、六年生であっても読み聞かせが有効になります。教師の目からご覧になって、六年生の子供たちに届けたい一冊を選んで読み聞かせをしてみましょう。子供たちの反応もきっと変わってきます。

▼並行読書の効果を高めるための指導のねらいに応じた配慮点

並行読書を取り入れた実践上の課題の一つに、どの程度の範囲でどのぐらいの冊数の本や作品を準備すればよいのかということが挙げられます。その際の主な視点として、次のことを踏まえて検討することが大切になります。

○指導のねらいは何か。
○子供の実態はどのようなものか。
○交流を通して学んでいくためにどのような点に配慮するか。

まず指導のねらいから見た並行読書の取り扱いについて見てみましょう。並行読書はあくまでも指導の工夫ですから、いずれかのねらいを実現するための手立てとして検討していくこととなります。例えば、文学的な文章の精査・解釈である「C　読むこと」の低学年の指導事項を例にとると、

エ　場面の様子に着目して、登場人物の行動を具体的に想像すること。

ですので、子供自身が「この場面が大好き」などと場面の様子に着目して読む意識を明確

にもてるよう、並行読書材はできるだけ幅広に揃えたなかから選べるようにすることが得策です。クラスになかなか読書に親しめない子供がいる場合にはなおさら、その子供が選びそうなものを多めに取り入れたいところです。

中学年の、

エ　登場人物の気持ちの変化や性格、情景について、場面の移り変わりと結び付けて具体的に想像すること。

についても基本的には同様ですが、仮に「気持ちの変化」に重点を置くのであれば、登場人物の気持ちの変化が鮮明に描かれているものを中心に選んでいくといった配慮が出てきます。

ジャンルとしては通常は教科書教材のテーマを踏まえて考えていきます。例えば教科書で民話を取り上げている場合は民話を集める事例が多く見られます。またジャンルだけではなく教科書教材の作者の作品やシリーズで揃える場合もあります。

説明的な文章の精査・解釈の指導事項をねらいとする場合も、対象となるものは図鑑や科学読み物、様々な解説の文章などが中心にはなりますが、ほぼ同様に考えることができます。その際、「うちのクラスの子たちには、図鑑に書いてある文章は難しすぎる」とためらってしまう場合もあることでしょう。しかし国語科では、図鑑に書かれている科学的知識を覚えさせたり専門用語を逐一理解させたりすること自体をねらうわけではありません。例えば高学年の指導事項では、

ウ　目的に応じて、文章と図表などを結び付けるなどして必要な情報を見付けたり、論の進め方について考えたりすること。

としています。つまり、どんな情報を求めているかなどの目的を明確にして文章を読み、その目的に照らして必要な情報を見付けるといったことをねらうわけです。具体的には科学読み物などを最初から最後のページまで全て理解せずとも、目的に応じて必要な情報が書かれている箇所を特定して読み、その情報を理解できればよいこととなります。

また低学年ではその基盤として、〔知識及び技能〕(3)に、

エ　読書に親しみ、いろいろな本があることを知ること。

とあるように、「図鑑には難しい言葉も書いてあるけれど、面白そうなこともたくさん書いてあるし、それに図鑑を読んで初めて分かることもたくさんある」といった感覚を養うことも大切なものとなります。

一方、「共有」の指導事項を指導する場合は、お互いが同じ作品を読んでいることが前

提となります。具体的には、中・高学年で「共有」の指導事項を主なねらいとする際の典型的な言語活動としては読書座談会のような読書会に類する活動が挙げられます。交流を軸とする言語活動を選定することとなるからです。読書会は一般的には一人一人がそれぞれ異なる作品を持ち寄るのではなく、全員が同じ作品を読んで語り合うこととなります。こうしたことを踏まえると、「共有」が主なねらいの場合、特に中・高学年では、対象作品をかなり絞り込むことが多くなります。

次に、子供の実態を踏まえた並行読書の取り扱いについて検討します。クラスの子供たちのなかに、「読めない」、あるいは時間をかけて教材を読み取らせても「読めていない」状況の子供が比較的多く見られる場合、「まずは教科書をしっかりと」と思ってしまって並行読書までいかなかったり、教師が最初から数冊に絞って与えたりするケースがあります。しかし読書に親しんでいないために「読めない」子供たちが一定の割合在籍しているという実態把握に基づくのであれば、むしろ最初は幅広に提示した方が効果的です。並行読書という指導の工夫自体が個に応じた指導の手立てでもありますので、多様な子供の実態や意識に即して、多様な作品に触れられるようにするという考え方です。

例えば第五学年で「大造じいさんとガン」を中心学習材として取り上げた単元を構想す

る際、並行読書材としては椋鳩十作品を揃える実践が多く行われています。作品のテーマや描写には、作者らしさが際立つものが多く、椋鳩十作品を多読することによって、

エ　人物像や物語などの全体像を具体的に想像したり、表現の効果を考えたりすること。

という指導事項のねらいに一層迫りやすくなるからです。

一方で、なかなか読めない子供にとっては、椋鳩十作品は難しいのではないかと案じて、並行読書へと学習指導を展開させることを躊躇する場合もあるのではないでしょうか。しかし椋鳩十は、幼年童話も多く書いている作家です。学校図書館を探してみれば、思いのほかそうした作品が多く見付かるかもしれません。こうした個に応じた指導として、また個別最適な学びを促進する手立てとして並行読書を活用していくことが有効です。

続いて、協働的な学びを実現するための並行読書を取り入れた指導の配慮点を考えてみましょう。子供たち一人一人が強く「自分はこの一冊を選ぶ」と思える本や作品を手にすることが実現すれば、「友達はどの一冊を選んだのだろう」「その作品のどこにそんな魅力があるのだろう」という思いを高めた交流につなげることができます。低学年であれば、「どうしてそのお話を選んだの」「面白いところをもっと教えて」といった思いでやり取りする姿を思い浮かべることができるでしょう。

こうした長所を前提としつつ、子供たちの交流の質の高まりを求めるには、ある程度同じ作品をお互いが読んでいるという状況が望ましいこととなります。その際、交流の利便性を優先させるために、並行読書材を教師側から限定してしまうケースがあります。しかし、肝心の「子供たち自身が判断して、強く心に響く一冊を選ぶ」という過程が確保できなくなってしまいます。

その際の調整の策としては、並行読書マトリックス等を活用し、友達が選んで読んでいる作品を他の子供も読めるようにしておく手立てが有効です。そのためには先行読書として、単元の導入前から並行読書材を多読できるようにしておくとよいでしょう。

一方で、前述のように読書座談会を言語活動として設定するケースなどは、「同じ作品を選んでいる子供同士でグループをつくる」という状況をつくることとなります。これは、「グループで一つの作品を選ぶ」こととは大きく意味合いが異なります。その際は、まず幅広に並行読書材を揃えておき、子供たちの希望や読書の状況を踏まえて作品数を絞り込み、可能な限り全員がそこから一作品を選べるようにするという進め方が考えられます。その場合も、読書座談会をする上では、最終的には何作品かに絞り込む必要があるということを子供たちとも共通理解して進めていくとよいでしょう。

第2節　子供が学習を見通す手立て

▼単元の導入の工夫の意義と具体的な工夫例

①単元の導入を工夫することの意義

以前の単元の導入といえば、例えば説明文であれば、「題名読みをする」→「全文を通読し初発の感想を書く」→「新出漢字の練習をし、難語句の意味を調べる」→「段落分けをする」といった形が比較的多くとられてきました。しかし目の前の子供たちが多様化するなかで、こうした一律の導入だけではなかなか乗ってこない子供もいるという悩みを抱える方もいらっしゃるのではないでしょうか。

現在、様々な導入の手立ての工夫改善が多くの教師の努力で多彩に広がっています。子供の側に立ってみれば、単元との出合いはその後の学びの姿と密接にかかわる大切なものとなります。それだけに、子供たちの学びに向かう思いを十分に喚起する丁寧な導入を工夫する価値は大きいものと言えるでしょう。

その工夫の一つに、単元の導入時に言語活動のモデルを示すことが挙げられます。ただしこれもあくまでも子供たちがよりよく学ぶことを目指した授業改善の一環として行う手立てですので、やり方次第で効果は大きく異なってきてしまいます。例えば物語の魅力を推薦する言語活動を取り入れた単元の第一時で、突然「今日からは、リーフレットを作って物語を推薦する学習を行います」などと一方的に提示しても、効果はあまり期待できません。

そうした場合、改善の手立てを検討する視点としては、次のような点が挙げられます。

○子供たちは日常的にどの程度読書に親しんでいるか。

○子供たちは当該単元で取り上げる作品やそれに近いジャンルの作品等に親しむ機会があるか。

○子供たちは、推薦したいと思えるような作品を見付けられそうか。それが難しい場合はどのような手立てが考えられるか。

○子供たちに、物語を読んで魅力を推薦するという言語活動体験をもたせてきたか。もたせていなかったら、その言語活動のよさや活動を進める見通しをどのように意識できるようにするか。

仮に、クラスの子供たちの実態としては、あまり読書に親しんでおらず、魅力を感じる作品に出合えるような読書体験がないとすれば、例えば単元の導入前から、あの手この手の手立てをとって、単元の導入への布石を打っておく必要が出てきます。具体的な手立てとしては、導入前から並行読書材を読み聞かせや教師の紹介などで丁寧に提示し、家庭学習や様々な隙間時間等に読めるようにしておく「先行読書」と呼ばれる工夫などが考えられます。そして十分物語の魅力を推薦する学習に向かう学びの姿勢を醸成しておき、いよいよ第一時間目の導入を迎えられるようにしておくのです。

②言語活動のモデル提示の二つの意義

前項のような手立てを丁寧にとると、モデルの提示の効果はぐんと高まります。言語活動のモデルの提示には、大別すると二つの意義があります。

一つは、子供にとって魅力的なゴールやそこに至る道筋を明確に示すものとなるという点です。そのため、第3章第1節「子供たちにとってのターゲットとなる魅力的な言語活動設定（七〇頁）」で述べたように、可能な限り明確で具体的な姿を提示することが有効です。

もう一つは、教師にとっての教材研究になるという点です。国語科は言語活動を通して指導事項を指導するという特質をもつ教科ですから、言語活動の精度が授業の質を大きく左右します。そのため、その言語活動を実際に教師が行ってみるという教材研究を通して、
○指導のねらいに確実に結び付く言語活動となっているか。
○子供の実態や意識に照らして無理のない、学びへの主体性を引き出せる言語活動か。
○言語活動を行う際に踏まえなければならない留意点や指導上の配慮点は何か。
といったことを明らかにしていくのです。

次の写真は、第一学年の説明文の、図鑑などを読んで重要な語や文を考えて選び出し、乗り物図鑑を作る言語活動を位置付けた単元で用いられた教師自作のモデルです。一年生の子供たちにとって魅力的なモデルとなることが一目で分かります。これを見た子供たちはおそらく、「自分でも作ってみたい」と思ったことでしょう。更に、モデル文を見てみると、子供たちが図鑑から重要な語や文を見付けて書く際の適切な文例になっていることが分かります。

子供たちが実際にこうした文章を書く際には、図鑑から情報を見付けることとなります。

そのため、教師のモデルも教科書教材で作るのではなく、子供たちが手にしそうな図鑑を基に書くことがコツです。

例えば、「仕事」についてはどの図鑑でもおよそ明記されていても、その仕事のための「つくり」については、写真のみで示されていることもあることから、何らかの対応策が必要になる、といったことが予見でき、指導の精度を高めることが可能となります。

また、このようなカード等を用いて紹介する場面をモデル動画にしておくこともお勧めです。「（単にカードだけを読み上げて紹介するのではなく）カードと図鑑のページを合わせて紹介する」といった、ねらい

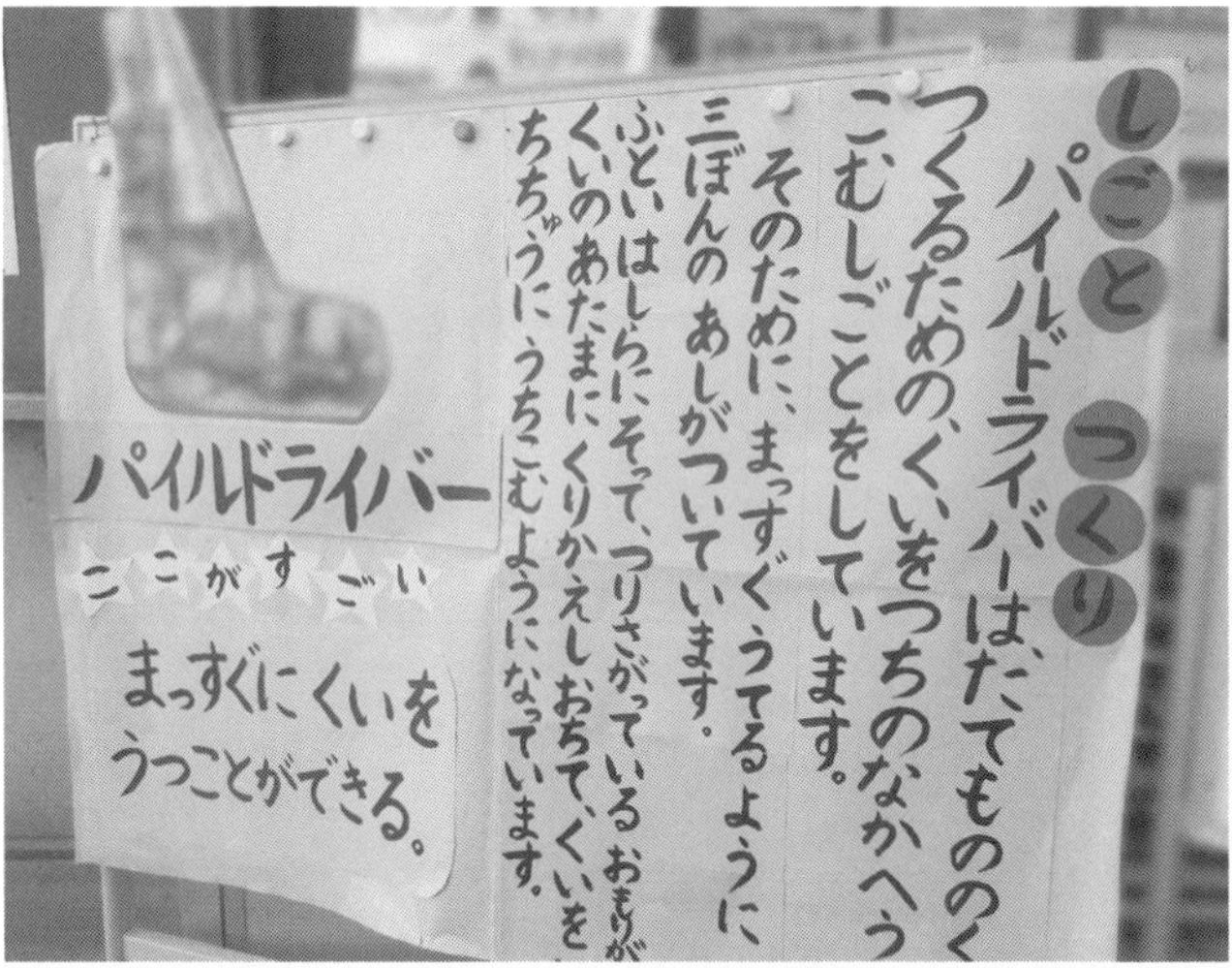

指導のねらいや子供の実態を踏まえたモデル提示

に迫る活動が具体的にイメージできます。

　更に下の写真は、子供たちが図鑑を読んで重要な語や文を選び、カードに書きまとめていく過程を視覚的にも分かりやすいように工夫したモデル提示の例です。モデルの上部には、子供たちが活用すると想定される図鑑を模したものを提示し、その文章中から紹介したい重要な語や文を考えて選び出し、カードに書きまとめるという過程（①～③）を例示するものとなっています。

　なお、例えば読書座談会などの話し言葉で交流するタイプの言語活動の場合は、教師自身がグループで読書座談会を行い、それを動画撮影するなどの工夫が大変有効です。

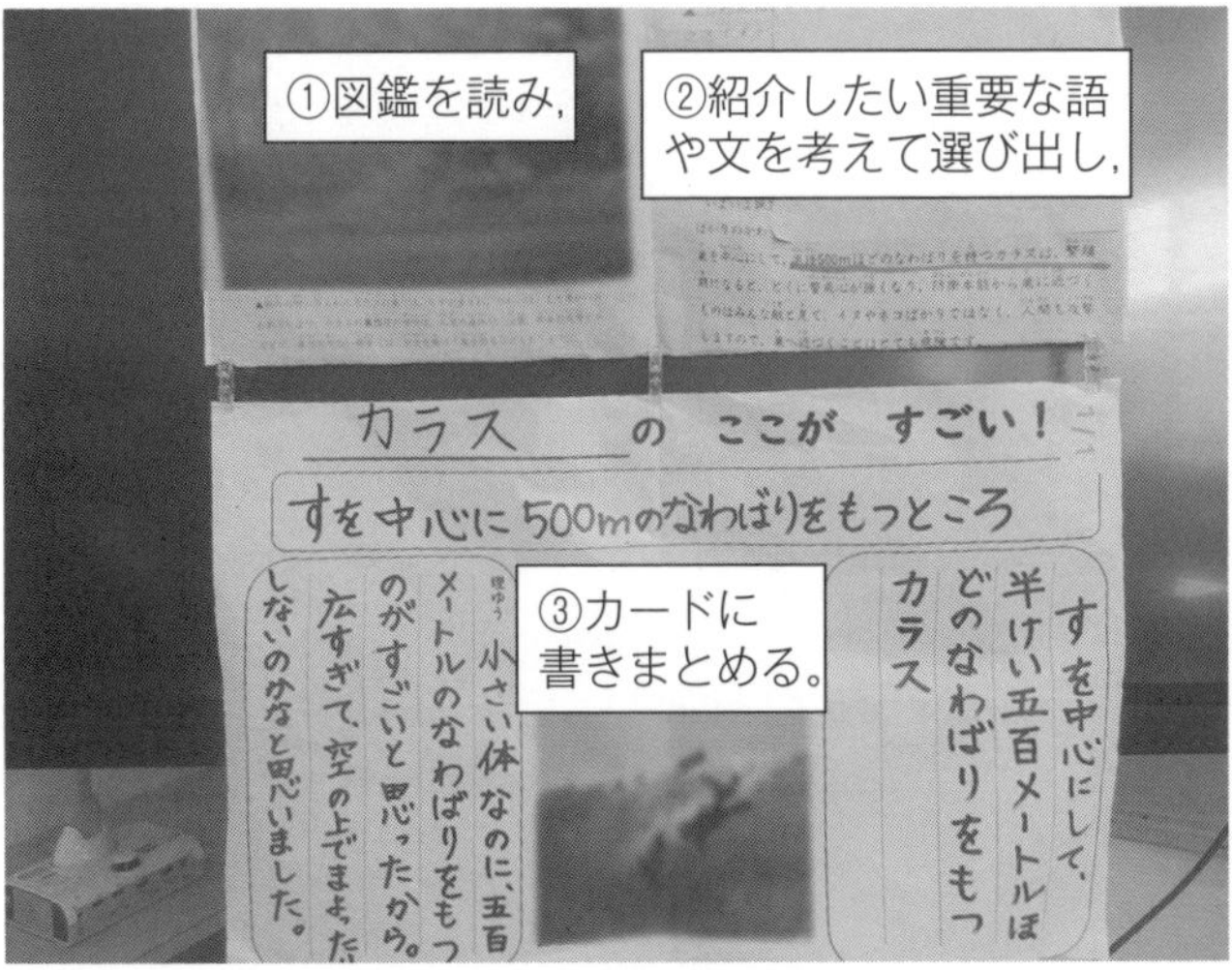

①図鑑を読み，

カラス　の　ここが　すごい！
すを中心に500mのなわばりをもつところ

学習の過程を明示するモデル提示の工夫

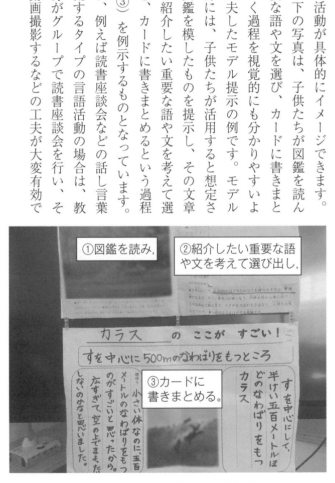

▼単元の学習計画表の工夫

単元の導入段階では、単元全体の見通しを子供が明確にもてるような工夫が重要になります。その際、これまでご紹介してきたような単元のゴールのモデルを提示することに加えて、学習計画表を活用する工夫があります。

①単元の学習計画表の意義

単元の学習計画表は、単なる掲示物ではありません。第3章第1節「習熟のしやすさや学びやすさに配慮した指導過程の選択（八二頁）」で二つの単元の学習計画表をご紹介したように、教師側から見た場合、単元構想全体を子供たちにも分かるように具体的に示したものと言えるでしょう。

また子供の側から見た場合、この単元の学習計画表は、魅力的なゴールに向かう学びの道筋となるものです。したがって、無目的に段落ごと場面ごとに読み進めていくだけの作業手順表ではないという点に留意したいところです。

②子供とつくる単元の学習計画

単元の学習計画表を活用した教師から、「以前は『先生、今日は何をするの』と尋ねていたクラスの子供が『今日はこれをするんだよね。早くやりたい』と言ってくれた」という話をお聞きしたことがあります。こうした単元の学習計画表の機能を十二分に発揮させるためには、子供と学習計画をつくっていく過程が大切なものとなります。より厳密に言えば、教師が指導のねらいを基にデザインしている単元構想を、子供たちの思いや願いを取り入れたり、既習単元での学習を振り返ったりしながら、子供と共通理解を図って具体的な見通しをもてるようにしていくこととなります。したがって、「（教師から子供に）学習計画を知らせる」といった一方的に計画を下ろしてしまう方法ではなく、より丁寧に指導を工夫していくこととなります。具体的には、例えば次のようなことを手掛かりに計画を子供と立てていくことが考えられます。

○ゴールとなる言語活動から逆算して、そこまでにどのような学習が必要かを確かめる。
○既習の類似の学習を振り返り、その計画のどこをどのように変更するかを確かめる。
○教師の提案した計画案について、子供の希望や意見を取り入れて完成させる。

③単元の学習計画表の実際と活用方法

次の写真は第一学年の説明文の単元で用いられた学習計画表です。図鑑を読んでお気に入りの乗り物図鑑を作るという言語活動に向けて、わくわくしながら学び進められるようにという教師の思いが伝わってきます。

　計画が手書きで書かれているのも特徴の一つで、子供にもとても見やすく書かれています。更に、各単位時間の数字の部分は教科書を読む学習過程と選んだ図鑑等を読む学習過程とで色分けがなされています。加えて、単位時間の計画が短冊形になってそれぞれ独立してクリップ止めされています。これは、その時間の計画が書かれている短冊を黒板に移動すると、そのまま本時の目当てになるという使い方ができる工夫です。この工夫により、単位時間の学習の目当てと単元の学習計画との関係が、一年

一年生がわくわくする見通しをもてる学習計画表

生でもすっきりと分かり、短時間で導入することが可能になります。

　続いて下の写真は、単元の学習計画表を、リーフレット型ツールのモデルと、本時の学習の目当てとセットにして提示している第五学年での実践の工夫です。

　この工夫により、言語活動のゴールに向かって単元の学習計画を進めていることや、その計画に基づいて、本時の目当てが具体化されていることなどについて、子供たちが鮮明に自覚することが可能となります。

　そのような丁寧な工夫が、子供たちの自律的に学び進める姿を支える大切な手立てとなります。

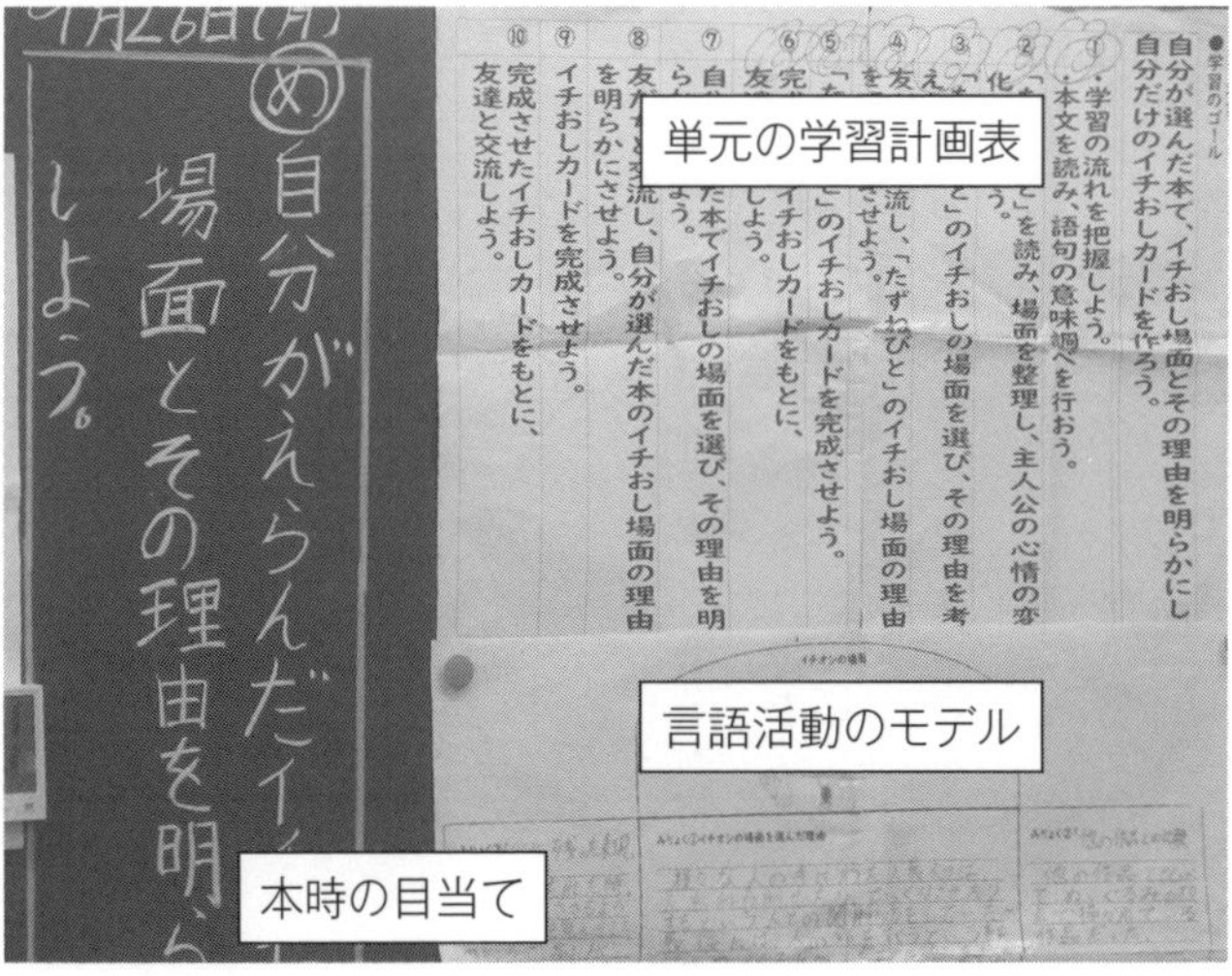

モデル・計画・目当ての関連性を鮮明にする工夫

第3節 子供が自律的に交流するための支援

▼並行読書マトリックスとその活用法

①並行読書マトリックスとは

並行読書マトリックスとは、子供たちの並行読書の状況を一覧にした掲示物のことです。当初は縦軸に並行読書のタイトル、横軸に子供の名前を配列したマトリックス表の形態でしたので、このような名前がついています。

元々、教科書教材で交流する際に、同じところを選んだ子供同士が交流できるようにする工夫が行われたのですが、並行読書材で同様の学習を展開しようとすると、誰がどの本を読んでいたのかが分からないため、うまくいきませんでした。その課題を克服するために、並行読書マトリックスが開発されてきたのです。

現在では、個別最適な学びを支援する優れた手立てであることが分かってきて、その形態も多様に工夫がなされています。

主な機能としては、

○子供たちの読書の状況が一目で把握できる。

○自分だけではなく、お互いの読書の状況が一目で分かり、更に読書を促進する。

○マトリックスを手掛かりに、交流相手を判断することができる。

といったことが挙げられます。

②基本的な活用方法

下の写真を例に、基本的な活用方法を見ていきましょう。この単元では、レオ＝レオニ作品が並行読書材として選書されてい

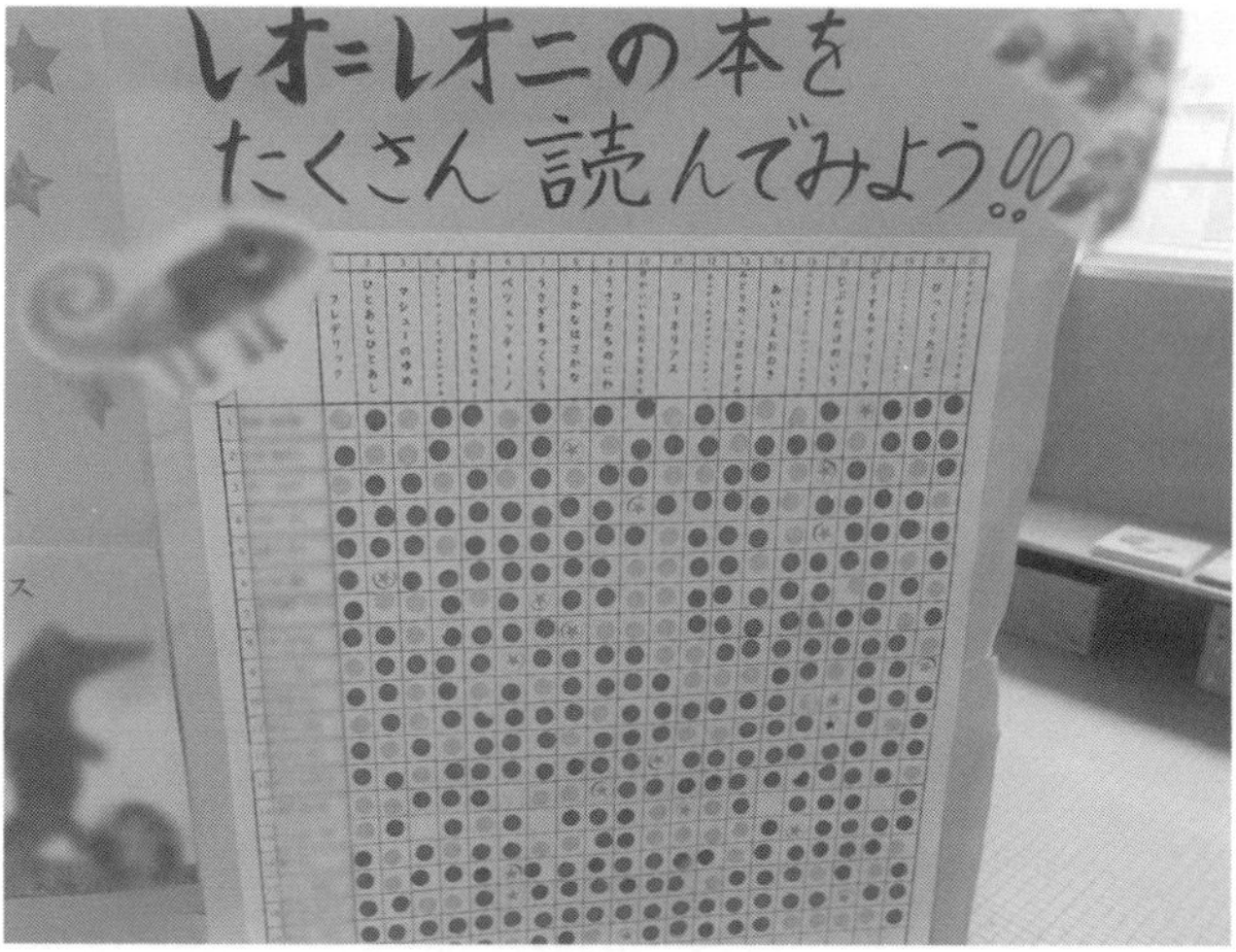

並行読書マトリックス

ます。子供たちは、並行読書材の作品を読むたびに、該当の箇所にシールを貼っていきます。多くの場合、このシールの色には、その作品に対する子供の評価を表示するといった意味合いをもたせています。例えば、青は「読んだ」ことを示し、黄色は「まあまあ好き」、赤は「大好きで紹介する予定」といったものです。

教師側から見た場合、子供たちの読書の状況が一目瞭然になります。読書量や読書の傾向、子供たちの人気のある作品はどれかといったことがとても明確になります。またある場合は、教科書を読み取らせていただけでは判然としなかった読書量の差があらわになり、どの子供にどのような手立てを講じるべきかを判断するための資料にもなります。

一方子供の側から見た場合、読書するにつれてシールが増えていき、自分の読書量を明確に把握できます。同時に友達の読書の状況も把握できますので、授業場面以外でもマトリックスを囲んで読書について話し合う姿が見られるなど、読書意欲を大いに刺激するものとなります。いつもはなかなか本に手を伸ばさなかった子供のなかにも、マトリックスを見て、友達が読んでいる本を読んでみたいと読書し始める姿が見られる場合もあります。

③交流の際の活用方法

並行読書マトリックスのもう一つの大きな機能は、交流相手を判断できる手掛かりになるというものです。子供たちがペア学習等を行うに当たり、子供自身が相手を判断できるということは、子供にとって、とても大きな意味をもちます。それまでは教師から指示されて学習活動を行ってきたものが、自らが判断して学ぶことができるという感覚は、子供を大きく成長させ、ロングレンジの学習活動の推進力にもなります。

　交流に当たっては、前述のようにシールの色分けなどが大きな効果を発揮します。具体的には、例えば心に響く作品の魅力を推薦することに向かっていく学習であれば、
○「同じ本を選んでいる友達と交流して、推薦理由をはっきりさせたい」
○「自分が選んでいる本をあまり読んでい

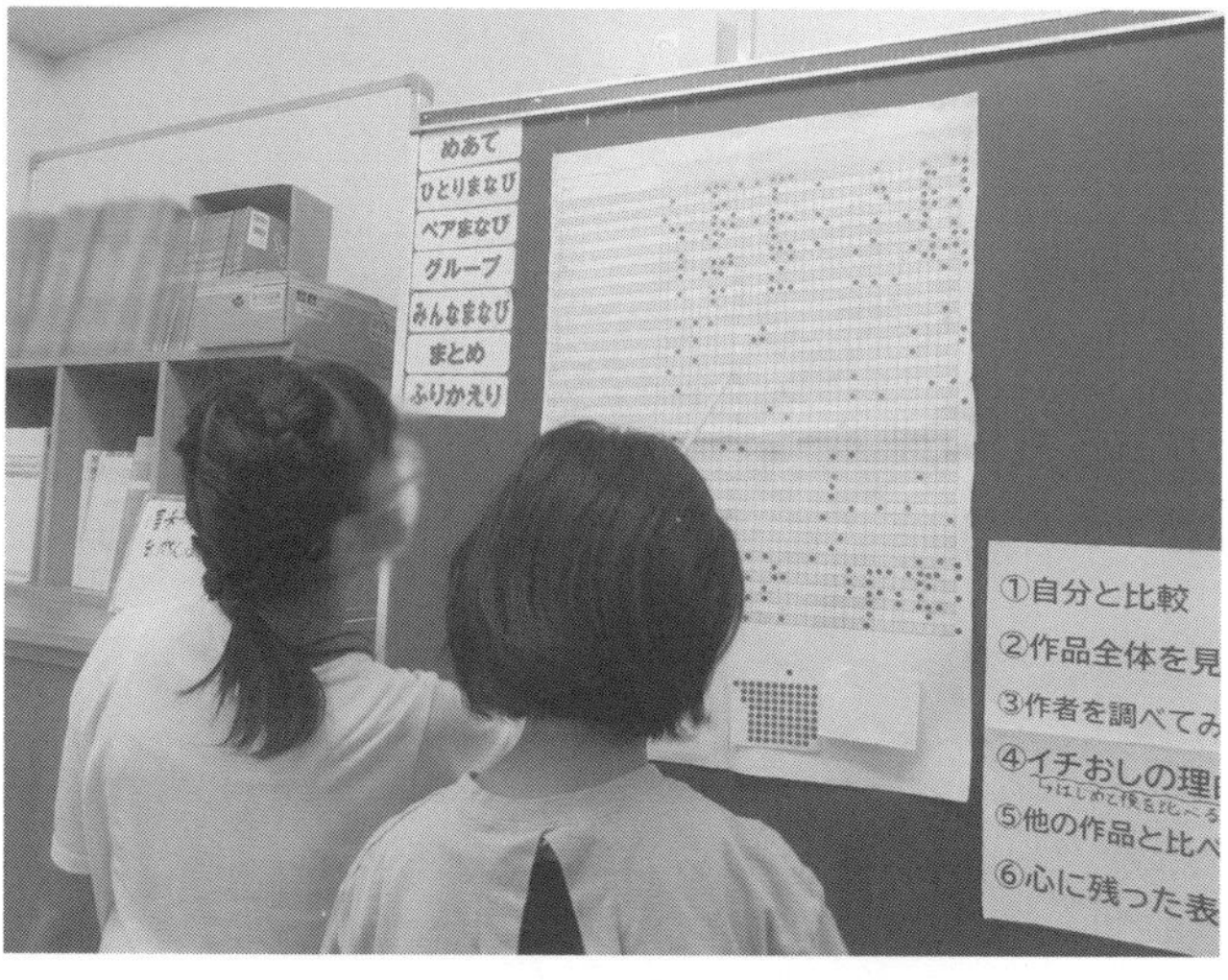

並行読書マトリックスを活用して交流相手を判断

ない人に魅力が伝わるかどうかを試してみたい」

○「自分があまり読んでいない作品を選んでいる友達と交流して、どんな魅力があるのかを教えてもらいたい」

といった目的意識をもって相手を判断するケースが多く見られます。

実際の交流の状況としては、メンバーを固定したグループ交流ではなく、相手を替えながら交流を繰り返すタイプの学習活動で用いられるのが一般的です。この学習活動を進めようとする際に、並行読書マトリックスのような子供たちにとっての判断の手掛かりがないと、「仲のよい友達とばかり交流してしまって困る」といった状況に陥りがちです。そのようなことになるのは、判断の材料がないことが大きな要因です。

また、シールの色で判断できるようにする他に、子供自身が読んだらペンで丸印をつけるという使い方もあります。もちろんその使い方でもある程度は効果が見込めますが、読書しているかどうかだけが表示されることとなりますので、並行読書材を読み進めていくにつれて、交流の際にあまり用いられなくなるケースも散見されます。

交流の際に活用する場合は、子供たちの何人かは、まず並行読書マトリックスに向かいます。あくまでも自律的な学びのための手立てですから、一律に強制的にマトリックスに向かわせるのではありません。そしてその表を基に相手を判断してペアを組みます。ペアが決まったら、空いている席に横並びに座り、交流を開始します。子供たち個々の交流目的が十分に達成されたら、再びマトリックスに向かっていき、相手を判断して交流することを繰り返します。

せっかくマトリックスを掲示しているのに、子供たちがそれを活用しようとしないケースも見られます。原因としては、それを用いる必然性や有効性が実感できていないことが考えられます。その場合は、前述したような具体的な目的を例示してみましょう。また掲示場所も大きく影響します。授業では、教室前方の見やすい場所に掲示すると活用しやすくなります。反対に、教室後方では使いにくくなります。

教室で、ぜひ一度試してみましょう。子供たちが関心を寄せて使い方を尋ねてきたり、子供たちからよりよい使い方を提案してくれたりするかもしれません。マトリックスの表を指でなぞって、自分が選んでいる作品を誰が読んでいるか、どんな色のシールを貼って評価しているかなどを確かめる姿はとても真剣です。読書の絶対量も飛躍的に増えていきますので、「うちのクラスの子たちはなかなか本を読まなくて……」といった悩みがある場合、特に大きな効果を発揮します。

▼並行読書マトリックスの多彩なバリエーション

並行読書マトリックスは早い段階から、マトリックス形式であるが故に、一年生では使えないという弱点が指摘されていました。そこで、一年生でも見やすい形式が様々に工夫されてきています。

前述のように、並行読書マトリックスは、相手を次々に替えて交流して、何度も自分の読みを言語化し、徐々に確かなものとしていく学習に際して大きな効果を発揮するものです。このような学習方法は、楽しいことなら何度でも繰り返すことを厭わない低学年の子供たちにぴったりのスタイルでもあります。

次の写真は、一年生用に作られた並行読書マトリックスに相当する掲示物の例です。昔話を様々に読み、そのなかでも大好きなお話のお気に入りの場面に吹き出しを当てて、登場人物の会話を想像して紹介するという言語活動で用いられました。

一年生の子供たちにも理解しやすいように、本の表紙が掲示されています。その脇に、その本を読んだら名前を書いたシールを貼ります。紹介するために選んだ本については、金色のシールを貼って、それと分かるように表示します。子供たちはそれを手掛かりにしながら次々と交流を繰り返していきました。従前の指導では、一年生が二〇分以上も自律的に交流を続けるなど想定することができなかったものを、見事に実現していたのです。

　また単に交流を続けることが目的ではなく、何度もペアでお互いの大好きな場面を声に出して読んでその様子を確かめ、吹き出しを当てて登場人物の会話を想像することを繰り返していくなかで、より確かに内容を読んで想像したり、それを言葉で表現したりできるようになっていきました。

　子供たちの実態をつぶさに見つめたから

一年生向けに工夫された並行読書マトリックス

こその工夫が大きな成果を生んだ実践です。

下の写真は、子供たちが交流相手をより自覚的に判断できるよう、更に工夫されているものです。第二学年の学習の、お話を読んで「ジーン」としたところが伝わるように読み聞かせをすることに向けて、交流して「ジーン」としたわけをはっきりさせる際、交流相手を判断するために用いられたものです。基本的な機能は並行読書マトリックスと同様ですが、どの物語を、誰が読み、どんな感想をもったのかを#（ハッシュタグ）で付箋に短く書き出す形式になっているのが特徴です。子供たちは、交流相手を探す時点でも、この掲示の前に来て盛んに「私は読んではいたけど、（紹介す

読みをハッシュタグで表示し交流の手掛かりに

る本としては）選んではいなかったから、○○さんとも交流してみたい」といった会話をしながら、一層自律的に判断して学習を進めることができていました。

こうしたマトリックスの活用に当たっては、いろいろなポイントがあります。まず前提として、これまで述べてきたような魅力的な言語活動に向かう学びの枠組が単元としてしっかり構想され、子供たちと共有されていることが挙げられます。マトリックスも単独で用いてしまうと効果は限定的になります。また、マトリックスに記載される並行読書材は、子供自身が選ぶ場合と、シリーズや同一作家、同一テーマの作品など、教師がおよそ準備する場合とがあります。単元の特徴に応じて判断していきましょう。

もう一つは、子供たちが使いこなせるよう繰り返しの活用を図ることです。例えば低学年ならば、好きなところをはっきりさせ、そのわけを明らかにするといった学習過程が想定されます。その場合、好きなところを見付けたら、マトリックスで交流し、更にわけをはっきりさせるため再度マトリックスを活用して交流することが考えられます。繰り返し活用場面が確保できると、例えばなかなか活用しない子供や、ペアを作れない子供の姿が見えてくる場合もあります。他の子供たちはある程度自律的に活動できるようになりますので、教師はそうした子供に、より重点的に個に応じた支援を行うことができます。

▼全文掲示を活用した自律的交流の手立て

教科書教材を読んでいる学習場面では、元々全文掲示を用いて、お互いの読みを生かして相手を判断する交流の実践が進められていました。しかし一人一人が作品を選んで読む並行読書の学習場面においては交流しにくいという課題が浮かび上がってきました。そこで先述のように、並行読書マトリックスが開発されてきたという経緯があります。

では改めて、教科書教材を、全文掲示を用いて交流する学習活動について、その趣旨や具体的手立てを見ていきましょう。

①全文掲示とその活用の意図

全文掲示は、教科書教材の全体を俯瞰できるように拡大した掲示物です。なお、子供たちが手元に置いて用いる縮小サイズの同様のテキストは、ここでは全文シートと呼称して区別しておきます。

全文掲示もやはり、指導のねらいをよりよく実現するための工夫改善の手立てです。指導のねらいを踏まえて活用しないと効果が発揮されない点は、他の工夫の手立てと同様です。活用に当たっては、例えば次のような機能や利点を生かすこととなります。
○文章全体が一覧できることから、物語の内容全体を視覚的にも把握しやすく、部分的な読みにとどまる子供を支援するのに役立つ。
○各学年の指導のねらいに応じて、柔軟で多様な使用方法を構想することができる。
○作品全体を通して、叙述をどのように読むのかを視覚的に把握しやすい。
○付箋などを用いることで、お互いがどの叙述にどのように着眼して読んでいるのかが視覚化され、交流を促す。

一般的には、黒板や移動可能なホワイトボードなどに貼り、子供たちの手の届くところに掲示して活用します。従前の、子供の発言などを教師が板書することと比べた場合、全文掲示の文章の叙述に解釈を書いたり、叙述を相互に線で結んだりして、文章に即した学習を促進できる点が大きなメリットとして挙げられます。ただし繰り返しますが、無目的に内容を読み取らせるために用いるのでは、効果は得られません。あくまでもしっかりと言語活動を位置付けた授業改善の枠組を踏まえ、指導のねらいに応じて活用することが大切になります。

ここではロングレンジの学習活動を支える手立てとしての具体的活用方法を見ていきま

しょう。

下の写真は、第三学年の「お気に入りの民話の面白さを紹介する」言語活動を位置付けた単元で用いられた全文掲示です。指導事項としては、

エ　登場人物の気持ちの変化や性格、情景について、場面の移り変わりと結び付けて具体的に想像すること。

をねらったものです。まず、全文掲示には縦のサイドラインに加えて、異なる場面の叙述と叙述とを結ぶ横向きの線や上下段の叙述を結ぶ線が引かれています。これは、指導事項で育成を目指す読む能力が「登場人物の気持ちの変化や性格」などを「場面の移り変わりと結び付けて具体的に想像」

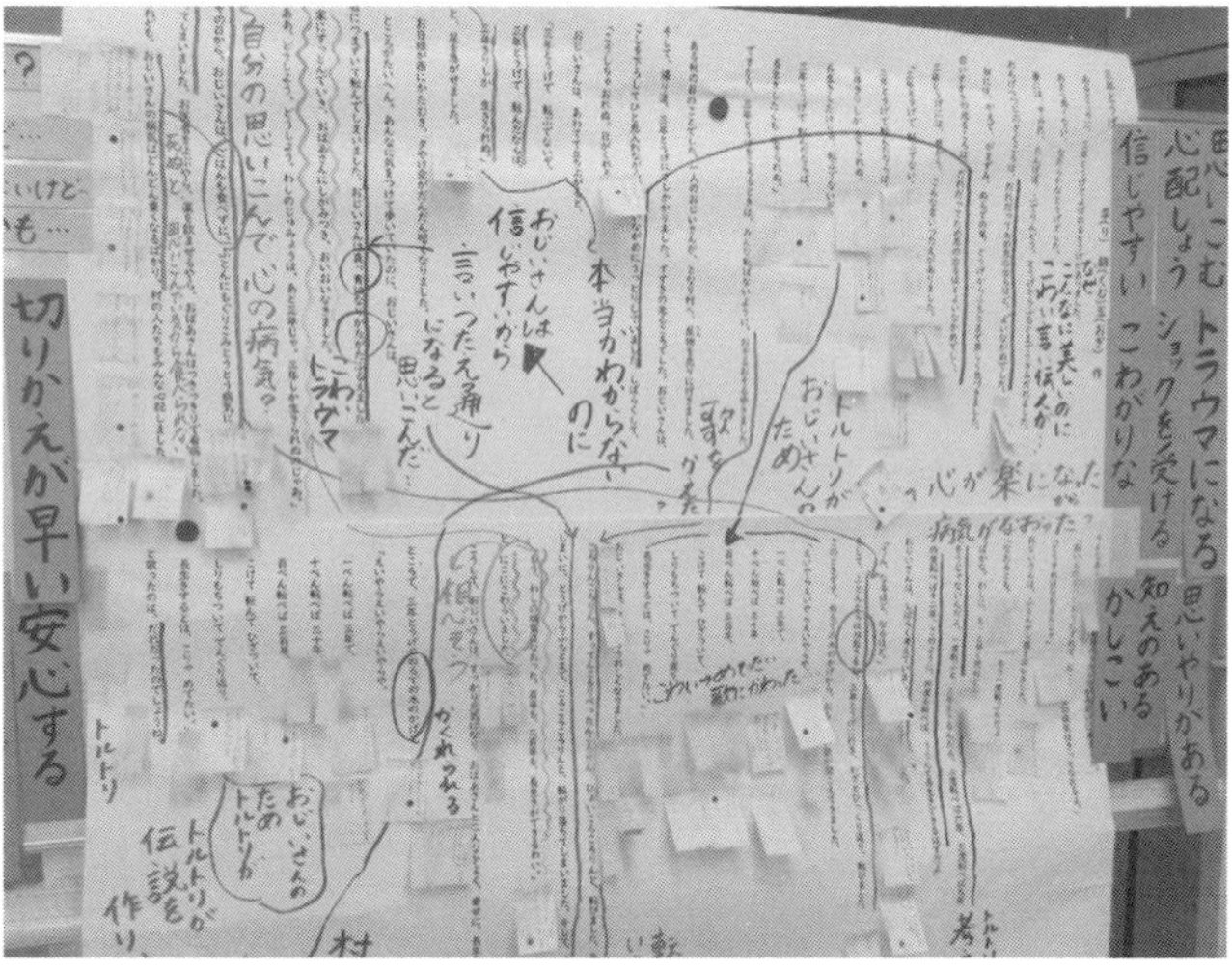

叙述と叙述の結び付きを視覚化する全文掲示

して読むことだからです。この手立てにより、子供たちは「場面の移り変わりと結び付けて」読むことを、教科書教材の学びで視覚的にも明瞭に把握することができます。その際、単に「二つの場面を結び付けよう」など作業的に指示するのではなく、第2章第2節『魅力的な学習の目当て』の具体的検討例（五〇頁）で見たように、「民話の面白いと思った理由になる言葉や文を見付ける」など、子供たちにとって言語活動に向かう必然性のある学びにします。

その上で交流に際しては、「面白いところ」と「そのわけになりそうなところ」に、色分けした付箋を貼り、相手を判断する際の手掛かりとします。例えば「面白いところは見付かったけれど、理由がはっきりしていないから、同じところが面白いと思った友達と交流する」「もっと面白さを見付けたいから、違うところに付箋を貼っている友達と交流する」「面白いところは同じだけれど、違うところに理由の付箋を貼っている友達と交流する」など、子供たちが多様に判断することが可能となります。

なお、この写真の全文掲示を用いた本時の授業は、自分が選んだ民話の面白さを交流を通してはっきりさせる時間でした。子供たちはこうした掲示物を手掛かりに交流する手順に習熟できていたばかりか、学び合う楽しさをたっぷりと味わうことができており、ロングレンジの学習活動のなかで素晴らしい学びの姿を見せてくれました。このように、並行読書材を読む時間であっても、教科書教材での学びを生かすことができるよう、前時までの振り返りの手立てとして掲示するなどして活用することもできます。

中学年の指導のねらいに基づいて効果的な活用が図られた例をご紹介しましたが、学年が異なり、指導事項が違えば活用の仕方も当然異なってきます。低学年の指導事項は、

エ　場面の様子に着目して、登場人物の行動を具体的に想像すること。

であり、中学年の実践例のように、叙述と叙述とを結ぶことを重点にするのではなく、一人一人が確実に「場面の様子に着目」できるようにすることが中心的なねらいとなります。「場面の様子に着目」することを子供の意識に即して具体化するならば、例えば「お話の大好きなところを見付ける」といったことが想定できます。そのため、「お気に入りのお話の大好きなところを紹介しよう」といった学習では、教科書教材でも、好きなところを見付けることが大切な学習になります。このような場合に全文掲示を活用し、面白いと思った場面に付箋を貼って交流するといったことが考えられます。

その際、すぐにも物語の面白いところを見付けることができる子供がいる一方で、なかなか見付けられない、もしくは、ごく狭い部分の叙述にのみ反応して「ここが面白い」と

してしまう子供が見られる場合があります。こうした状況に陥る原因として、物語を読む経験や読み聞かせを聞く体験などの不足が考えられます。

第一義的には読書の絶対量を確保していくことが大事な手立てになりますが、加えての対応策として、全文掲示が有効です。一人一人が好きなところに付箋を貼ったものを見渡せば、物語のいろいろなところに「大好き」が見付かるということが、視覚的にも一目瞭然です。更に「友達はどこが大好きなのかたくさん交流して聞いてみよう」といった働きかけによって、徐々に「物語って楽しんで読んだり、面白いところを見付けて読んだりしていいんだ」ということが実感として分かってきます。

高学年では更に、

エ　人物像や物語などの全体像を具体的に想像したり、表現の効果を考えたりすること。

の指導事項を指導することとなります。低学年、中学年までの積み重ねの下に、物語全体にちりばめられた、解釈の手掛かりとなる叙述を密接に結び付けて全体像を想像したり、人物の性格や考え方が分かる言動を様々に結び付けたりして、自分にとっての意味を見いだしていく際などに用います。互いの着眼点の違いが鮮明になり、全文掲示を生かした交流を通して更に指導のねらいを効果的に実現することができます。

▼交流のイメージを具体化するモデル動画の活用

①モデル動画を活用する効果

近年、交流の指導に際してモデル動画を活用して効果を高めている例が格段に多くなってきました。特にコロナ禍以降、タブレット等の急速な普及に伴い、動画の撮影がより手軽にできるようになっていますので、取り組みやすく、また大きな効果を得られるものとして広がっています。

従前は、交流前に話し合い方を口頭で説明するなどの手立てがとられてきたわけですが、これまで述べてきたように、具体的な対話や会話のイメージを描くことは難しく、指導が形骸化してきた状況があります。交流が充実しなければ、子供たちはそのよさや効果を実感できず、学びの質を高めることが難しくなります。

一方、動画での交流のモデル提示は、口頭での注意点の確認や文章化したものでの確認と異なり、次のような具体のイメージを共有することが容易になります。

○互いにかみ合った対話の実際のやり取りの内容や様子を確認できる。

○目線や体の向き、どのように座るか、本や資料などはどのように用いるのかといった具体的な所作を確認できる。
○柔らかい言葉のやり取りなど、語り口調を確認できる。
○タブレットなどに保存して、随時繰り返し視聴し、確認できる。

下の写真は、モデル動画での確認と併用して用いられた、対話の様子の写真資料です。動画モデルの補助的な資料ではありますが、特に交流の実際の所作などは写真でも明瞭に分かります。更に動画を加えることで、前述のように対話の実際を音声と映像でも確認し、より明確に子供たちとイメージを共有することが可能となります。

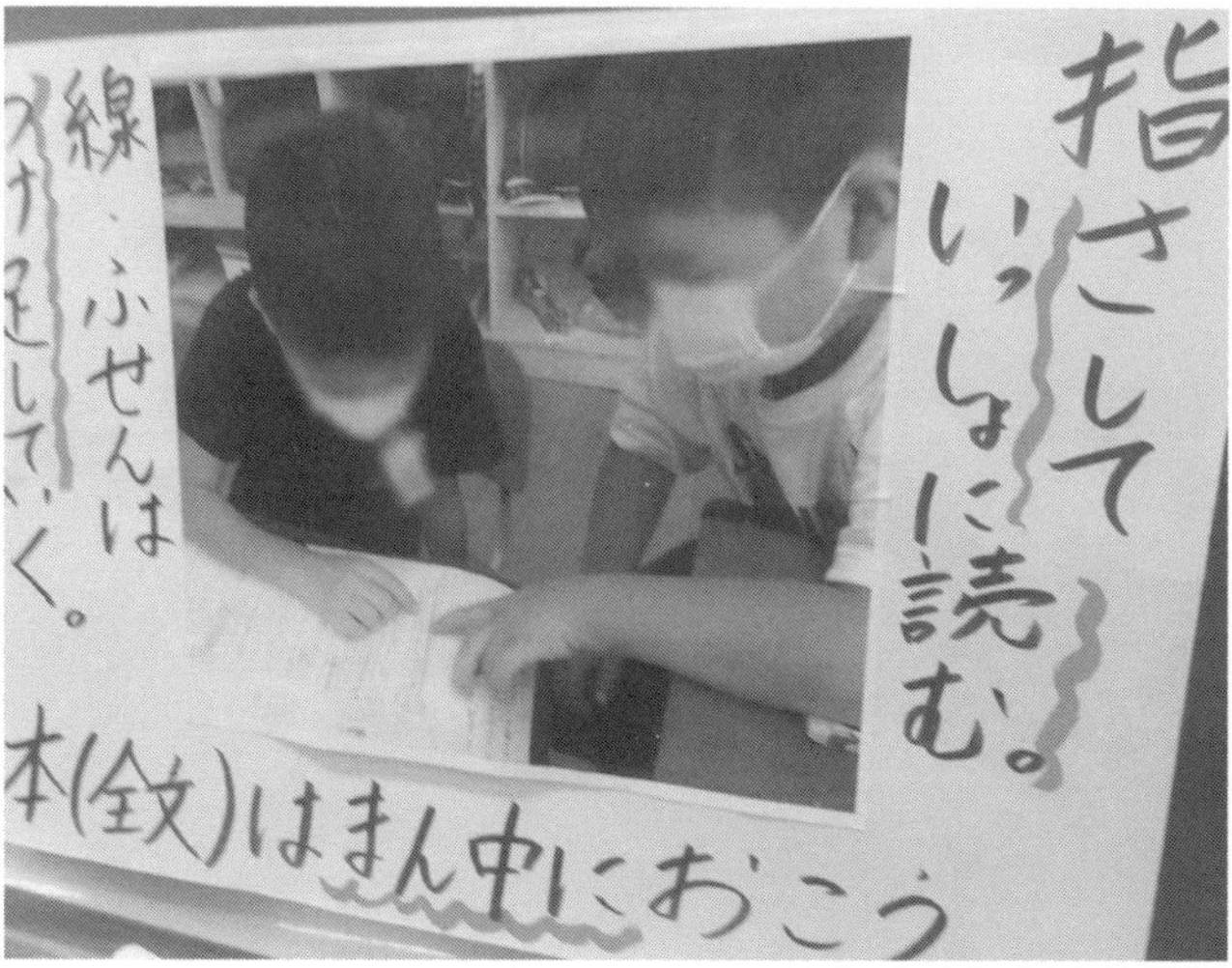

動画モデルの補助となる写真による掲示資料

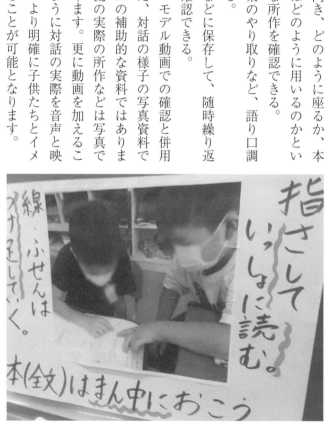

②モデル動画の制作の意義

　タブレットが普及して以前よりも簡便になったとはいえ、モデル動画を制作し教材にすることは、手間のかかることです。しかしそこには、言語活動自体を教師が行ってみる教材研究と同様に大きく二つの意義があります。一つは子供たちにとって非常にイメージをもちやすいモデルになるという点です。二つ目は、教師にとって、より精緻な教材研究につながるという点です。

　二つ目の点についていえば、例えば学習指導案にはしばしば、「ペアで交流する」などとのみ記載されており、実際の具体的な動きが想定されないままに本時に至り、子供たちのペア交流がうまく機能していないといった状況が見られることがあります。一方、モデル動画を作るとなれば、具体的な所作について、どのようにすればよいのかを検討することとなってきます。その過程が大変重要な意味をもちます。

　実践された教師によると、一度でうまく撮影できるわけではなく、何度か取り直してみて、最も理想的なものを子供たちに提示するケースが多いようです。こうしたことを通して、より精度の高い学習活動を具体的にイメージすることが可能となるのです。

③モデル動画の制作と活用のポイント

具体的な制作の進め方やそのポイントを、低学年でペア学習を繰り返す際のモデル動画制作のケースで見ていきましょう。

まず誰がモデルとなるかについてですが、大きくは教師がモデルとなる場合と、子供がモデルとなる場合とがあります。子供たちがなかなかうまく交流できない状況を改善するために取り組むことが多いため、まず教師がモデルとなって動画を作るケースが多くなります。その上で、徐々に子供たちの交流の質が上がってきて、他の子供たちの参考になりそうな交流の姿が出てくると、子供の交流の様子をモデル動画にすることも可能です。その際は、授業者が授業をしながら撮影することは難しくなりますので、校内研究体制を生かして進めていく工夫も求められます。

次に動画全体の構成ですが、いきなりペア対話から入る場合もありますが、最近の開発では、並行読書マトリックスや全文掲示を見に行き、その掲示を活用してペアを見付けるシーンから始めるものが多くなっています。その上で、二人で空いている席に座り、ペア交流を始め、終了したらまたマトリックス等に向かうといった、一連の動きが見えるようにするモデル提示が工夫されています。

続いて音声についてですが、大きなポイントは二つあります。一つは対話のやり取りを促進する例を確実に提示することです。当然書いたものを読み上げるようなものではなく、自然な口調で対話している様子を例示することとなります。また一方的に話すことを交互に繰り返すといったイメージにならないように、お互いに尋ねたり、補足したり、自分の思いを伝えたりするといった内容にします。

もう一つのポイントは、あくまでも当該単元の指導のねらいに結び付く例を提示するということです。仮に、低学年の次の指導事項、

オ　文章の内容と自分の体験とを結び付けて、感想をもつこと。

を重点として指導する場合、例えば、「ここが大好きなんだよ。だって私も同じことをしたことがあって、とっても楽しかったんだ。○○さんはこのお話のどこが好きなの」などと、「自分の体験と結び付けて」読んでいる具体の姿を意図的に提示する必要があります。

音声だけではなく、映像でのモデル提示内容も重要になります。まず交流の際は、前述のように空いている席などを見付けて、横並びに座って交流することとなります。座って交流する必要性があるのは、「読むこと」の指導においては叙述を常に確認して学習を進めるためです。

相手を選んでペア交流する活動の工夫を取り入れ始めた初期段階では、往々にして立ったままで交流させてしまいがちです。その場合必要なページをめくって叙述を指さして交流することが難しくなり、じっくり交流することも困難になってしまいます。そのような課題を解決する上でも動画モデル制作は大変重要になります。

また叙述を指さして確実に言葉を確かめたり、中学年では「場面の移り変わりと結び付けて」読んでいる様子が分かるように、ページをめくったりして読んで交流する姿なども、ねらいに応じて示していきます。なお撮影に当たっては、子供の手元まではっきり見えるように留意しましょう。

叙述を確かめながら交流する

▼交流のためのその他の配慮や工夫

これらの他にも、ロングレンジの学習活動を支える様々な指導の工夫が次々に開発されています。

①個々の子供の学びに合わせて環境を整える工夫

「考えをもつ」→「相手を見付けて交流」→「考えがはっきりしたら書きまとめる」といった学習ステップを弾力化し、子供たちの判断で学び進めたり学びを調整しようとしたりする余地のある学習過程を組んだ場合、自分自身の学習状況を表明するツールとして、「じっくり考え中」といった立札を立てられるようにする工夫があります。教師がタイマーなどで細かく学習を区切って「考える時間はここまでです。交流に入ります」などとしてしまうと、もう少しじっくり考えたい子供は「作業が遅れている子供」になってしまいます。しかし遅れているわけではなく「じっくり考えている子供」なのです。その際、「じっくり考え中」といった状況を表明できれば、安心して学習を深めることができますし、周りの子供たちも、「〇〇さん、考えるのが終わったら交流しようね」などと声をかけ合う姿も見られるようになります。なお、こうした手立てをとった場合、単位時間の最後までじっくり考え続け、交流に至らない子供も見られます。その場合、「考えが全部まとまらなくてもいいんですよ。友達と交流したらもっとはっきりしますよ」などと交流への意識をもてるよう促してみることも効果的です。

また、交流が終了したことをタイマーなどで知らせて一斉に書きまとめる活動に移ることで、せっかくの交流が途切れてしまうことがあります。こうしたことを避けるために、「もうすっきり考えがまとまったから、自分の考えを書きまとめたい」と思ったら、自席に戻って書きまとめることができるようにすることも有効です。ただその場合、自分の席を他の子供が交流で使用していることがあります。そのような状況に対応するためには、十二分に交流を終えたと判断した子供が考えなどを書くスペースを確保するために「書きまとめコーナー」などといった名称をつけて、座って書きまとめられるようにする空間的配慮の工夫も有効です。

なお、低学年の学習指導において、いざ書きまとめようとすると、なかなか書き出せない子供が見られることがあります。交流することと書きまとめることの間に、教師の指示などが入ってくることにより、交流で自覚化できたはずの言葉を思い出しにくくなってしまっているのです。その場合は、書こうとする際に、もう一度自分で、口頭で話してみることが有効です。口頭で説明した言葉をそのまま書き出してみるように促すとスムーズに書き出せる場合が多くなります。

②ブックトラックなどによる物理的サポートの工夫

教室環境の工夫による子供の学びの支援の手立てとして、「読むこと」であれば学級文庫等の充実が挙げられます。学級文庫の本は、通常は冊数が限られますから、タイミングよく本を入れ替え、子供たちの学びに応じたラインナップにしておくことが手立ての一つになります。具体的には、単元で取り上げる並行読書材や関連図書資料を配置しておくことが望まれます。次のページに掲載した写真は、単元の学習内容に合わせた関連図書資料を乗せたブックトラックです。本棚自体を移動することができるので、子供たちが図書室などから、自分の課題について調べるために必要だろうと考えられる資料を集めて教室に持ってくるといった使い方も可能です。またこうした資料が教室ですぐ手に取れる場所にあることによって、子供たちは必要な資料を探しやすくなります。当日の授業では、それぞれの課題について調べている資料をタブレットで撮影して格納し、それを基に目的に応じた情報が見付けられているかどうかをグループで検討していました。ある子供は、グループの友達の資料を、ブックトラックに行って探して、「この資料を組み合わせるといいよ」などと声をかけてくれていました。高学年の「C　読むこと」の説明的な文章の精査・解釈である、

ウ　目的に応じて、文章と図表などを結び付けるなどして必要な情報を見付けたり、論の進め方について考えたりすること。

の指導事項を指導する上では、こうした手立ては非常に有効になります。高学年の子供たちが自らの課題を解決する際には、単一の本や資料に必要な情報が載っているとは限りません。そうした場合には、目的に応じて、必要な情報を複数の本や文章から集めて、それらを組み合わせて最適解を求

目的に応じた資料を追加で活用できる環境支援

めていくといった、社会に開かれた資質・能力の育成が大変重要になるからです。

③次時の学習や交流目的を見通す学習の振り返りの工夫

学習の振り返りを工夫することで、次の時間の交流の学びや交流の質を高めることにつなげることも可能です。学習の振り返りには、本時の学習をメタ認知し、どのような資質・能力が身に付いたのかを確認する役割があります。ただ、小学生、とりわけ低学年の子供たちの場合は、どんな力が身に付いたのかを客観的に把握させようとするよりも、より具体的にその能力を次の学習場面でどのように使えそうかを考えられるようにする方が実態に合っている場合が多いようです。そうすると、単元の学習計画表などを活用しつつ、「次の時間にはどんなことを頑張りたいと思うか」「友達と交流して、どんなことをはっきりさせたいのか」といったことを振り返りの観点とすることで、次の時間の子供自身の交流の目的を、見通しをもって明確にすることができます。

④単位時間を見通す板書の工夫

板書の工夫も重要です。その際も、あくまでも子供たちにとって学びを促進する上で必要な板書であることが大切になります。次の写真は第4章第2節（一三五頁）で紹介した乗り物図鑑を作る言語活動の学習の板書です。

単元全体のゴールとなる言語活動のモデルと、そこに向かう本時の目当てが掲示され、更に、「一人で確かめてみる」→「二人で交流する」→「はっきりさせたことを書きまとめる」といった本時の学習の進め方が一目で分かるよう工夫されています。本時の導入では、言語活動のモデルや単元の学習計画表と組み合わせて端的に本時の目当てを確認した上で、既習の学習経験を生かして子供たちと一緒に学習手順を確かめていきました。これまでに子供たちが身に付けてきた交流のポイントなど、単位時間の学習を具体的かつ明確に見通すことができ、子供たちは安心して夢中で学びに取り組んでいました。

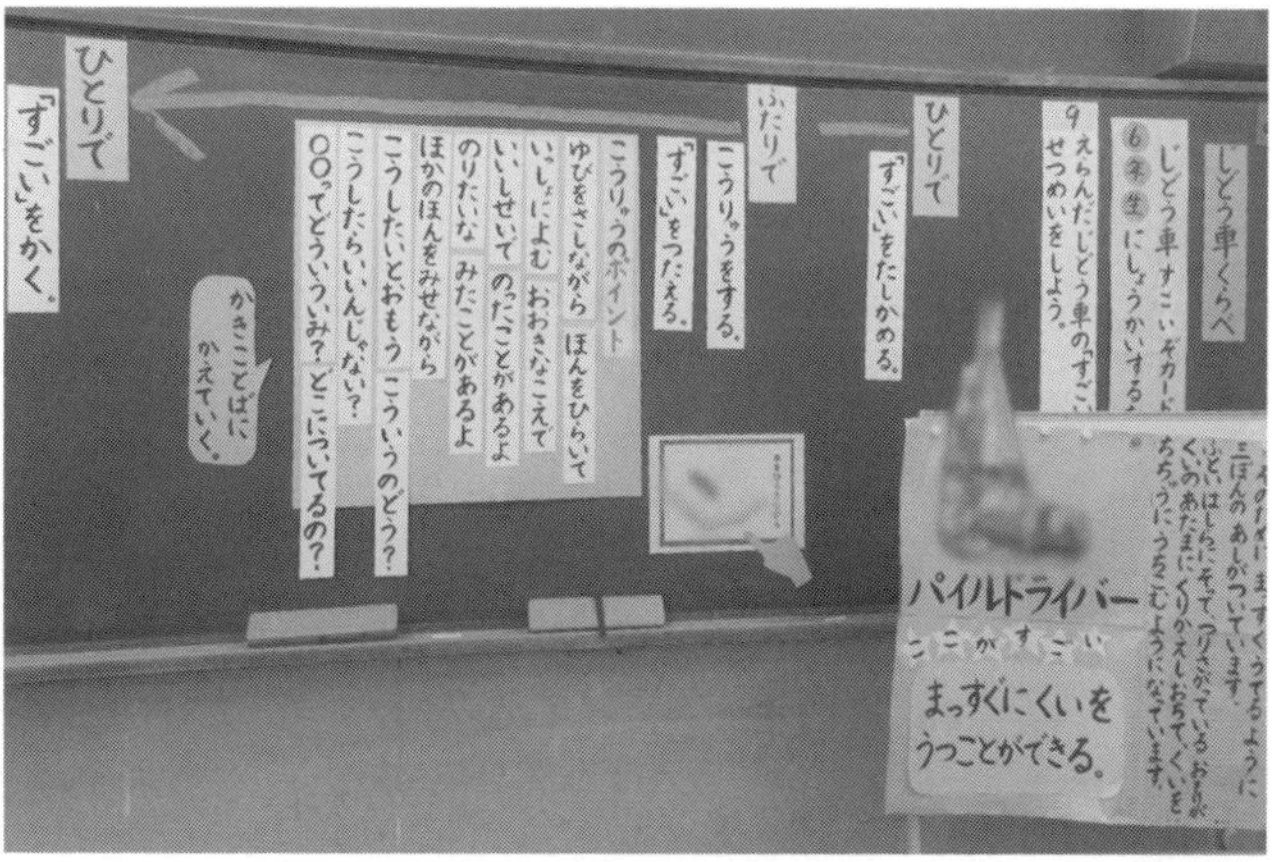

単位時間を見通す板書の工夫

第4節 ロングレンジの学習活動を支えるICTの効果的な活用

▼ICTの効果的な活用のポイント

個別最適な学びを引き出す上で、ICTの効果的な活用は大変重要な視点です。同時に、ICTをどのように使えば効果が得られるのかを吟味していくことが求められます。まず、国語科の学習指導での活用に当たって押さえたいポイントを見ていきましょう。

①指導のねらいに応じて活用する

あくまでも当該単元や本時の国語科としての指導のねらいを実現するためにICTを活用していくことが原則です。そのため、「ICTを使って国語の授業では何ができるのか」から発想するのではなく、「国語科のねらいをよりよく実現する上で、ICTの機能をどのように生かせるか」という点からの発想が重要になります。その際、

○ねらいに直結する学習活動を効果的に行うために用いる。
○ねらいに直結はしないものの付随的に生じる活動を効率的に行うために用いる。

という二つのより具体的な視点が考えられます。

前者の視点を生かす上では、前提として当該単元や本時の指導事項を確認し、その指導のねらいからずれた使い方になっていないかどうかを確かめることが大切になります。

後者については例えば、主張文を書く際に、説得力をもたせるために情報を集めてグラフ化して文章に添えて提示する場合などは、グラフの作図自体に時間をかけなくて済むよう、ＩＣＴのグラフ作成機能を使って効率化を図ることが考えられます。

②子供の判断を生かして個別最適な活用を図る

個別最適な学びを引き出す上で効果的な活用を図ることが大切です。特に一人一台端末を用いることが一般的になった現在では、一律一斉に、ある特定の機能を使わせるのではなく、「どの学習場面で」「どの機能を」「どのように用いるのか」を子供自身が判断できるようにすることが大切になります。

例えば言語活動や交流の動画のモデルは、共通に確認するために用いることに加えて、タブレット等に格納することにより、子供が必要な場面で繰り返し再生して確認するといった用い方が効果的です。特にスピーチの言語活動のモデル動画の場合などは、「話す内容」「話の構成」「話す口調」「資料の提示や身振り手振り」など、複数の確認項目を設定することが可能です。単元の導入時にモデルスピーチを視聴するのみならず、学習の進行に即して、随時必要となるタイミングで再生して確認するといった使い方が考えられます。

③協働的な学びを促進する使い方を工夫する

ＩＣＴの機能を生かして、作成したお互いのシートを共有し、コメントを送り合うといった活用を工夫する場合があります。例えば学級を超えて、学年で何らかのテーマを基に、自分の追究課題を設定して調べていく学習などでは、他学級も含めて、同じもしくは近い課題を設定している友達の学習状況を参照したり、コメントを送り合ったりすることなどが可能になります。しかし一方で、同じ教室空間でそのようなやり取りに終始してしまうと、交流を阻害する要因になりかねません。むしろ対面コミュニケーションを促進するための活用を工夫することが一層重要になります。

④子供たちが必要とする言語活動場面での効果的な活用を工夫する

子供たちが自律的に活用できるようにすることが大切です。そのためには、子供たち自身が必要性を実感して用いることができるようにすることが必要になります。国語科においては、魅力的なゴールとなり、学習過程となる言語活動が、目的意識を明確に引き出すわけですから、そうした言語活動を進めるなかで用いることが基本です。

例えば高学年の解説文を書くことの単元の情報の収集の学習過程では、自分が解説しようとするテーマについて、ＩＣＴの情報検索機能を活用して情報を集める活動が考えられます。その場合も、「いろいろな情報を集める」ために用いるのではなく、書こうとする「目的に応じて」、必要な情報を検索することが大切になります。そのように考えると、検索ワードをどう設定するのかを考えるといったことも大切になってくるでしょう。

また、最初に検索ありきではなく、解説するために必要な情報を、体験やインタビュー、情報資料等を中心に集めた上で、それでは不足する情報を検索するといった判断も大切になります。その上で、インターネット検索しないと集まりにくい情報は何かをはっきりさせて情報検索できるようにすることも必要です。そのためにも、「とりあえず何でもいいから興味のある課題を設定する」のではなく、「ぜひとも追究したい課題を設定する」ことができるような配慮が重要になります。

ＩＣＴの活用もまた、言語活動を通して資質・能力を育成するという、国語科の本質的な枠組を踏まえた授業改善のなかで進めていくことが大切です。

▼ロングレンジの学習活動を支えるICTの効果的な活用例

続いて、ロングレンジの学習活動を支えるという視点から、一人一台端末を用いてICTの効果的な活用を図った具体例を見ていきましょう。

①動画撮影機能の活用

最も活用しやすい機能の一つとして、動画撮影機能が挙げられます。「話すこと・聞くこと」では、特に各学年でのスピーチの学習において、効果的な活用が可能です。スピーチは、話題の設定―情報の収集―構成―音声化―発信・共有といった一般的なプロセスはありますが、構成を考えた後に初めて話してみるのではなく、例えば具体物などを説明するために、一度その具体物を手にして説明してみたり、話す材料を考えて、再び説明したりと、音声化を繰り返して質を高めていくことが特徴です。そのような学習過程で、子供自身が必要だと感じたタイミングでスピーチを録画し、再生してその話し方を確かめたり改善点を見いだしたりすることが効果的なものとなります。

こうした活用は「読むこと」の学習で、話し言葉を伴って発信するタイプの言語活動の場合も有効です。具体的には、ペープサートで演じて紹介するといった活動を設定した場合、各単位時間の学習のまとめとして、ペアになってペープサートで演じている様子を録画し合うことで、学習の成果を確認したり蓄積したりすることが可能になります。

②「書くこと」の個々の進度に合わせた活用

「書くこと」でも、課題の設定—情報の収集—構成—記述—推敲—発信・共有といった過程は想定できます。しかし実際は、いつもこの手順を踏んで書き進めるわけではありませんし、それぞれにかけたい時間も異なります。そこで、一律にこのステップを区切って学習を進めるのではなく、既習の「書くこと」の学習体験等を生かすなどして子供たち自身が自分の学習進度を調整して学べるような個別最適な学びを重視することとなります。

その際、一人一台端末は非常に有効です。文章の推敲の機能はもちろんですが、例えば情報収集や整理の機能、文章構成を、順序を入れ替えながら検討するための機能、文章入力機能、そして共有の機能など、その過程に応じた機能が備わっていることが多いでしょう。子供たちは、自分の言語活動遂行の進み具合に合わせて、それらの機能を適切に使って学んでいくこととなります。

なおそうした学習形態をとる場合、例えば本時の個々の学習の目当てを通信機能で教師に提出することなどにより、教師は子供たちの本時の目当てをおよそ把握して、個に応じた指導をより充実させることも可能です。

③並行読書マトリックスの提示

　並行読書マトリックスをＩＣＴで作成して活用することも可能です。下の写真は、第一学年の乗り物図鑑を作る単元で用いられた並行読書マトリックスに当たるものです。子供たちが選んだ乗り物と名前を画面上に文字で表示することに加えて、図鑑と子供の顔が表示されるようにしており、一年生でも誰が、どの種類の乗り物を選んでいるかを一目で理解することができるようになっています。子供たちがお互いをタブ

ICT を生かした並行読書マトリックスの工夫

レットで撮影してデータを送れば完成となりますから、教師の掲示物作成の負担はかなり軽くなります。

④共有の機能による相互参照

子供が自分の学びなどを送って共有する機能は非常に有効に活用できます。特に共有された学級全体の個々の取組状況一覧を基に、誰と交流したいかを判断する際に活用することが考えられます。相手を判断したら、直接その相手のところに行き、対面で交流をすることが基本です。同じ教室にいるのにコメントを送り合うのでは、お互いの意図が伝わりにくいばかりか交流を阻害する要因にもなりかねません。

またこの機能を使うことで、友達の考えていることなどがおよそ一覧できます。その上で、特に気になる友達の書いたもの等を選択して読んでみることで、自分とは異なる考え方に触れたり、考えを広げたりすることができます。

いずれの場合も、指導のねらいを明確に把握するとともに、子供たちの自律的な学びを促進するという視点が大切なものとなります。様々な活用方法を試しながら、より有効な用い方を探っていきましょう。

第5章
「ロングレンジ」の学習活動を取り入れた授業構想例

第1節　単位時間の学習活動を柔軟に判断し自律的に学び進める学習
（低学年・読むこと）

▼事例の概要

低学年の読むことの指導におけるロングレンジの学習活動の具体像については、これまでに様々な角度から検討してきました。ここではその典型的な事例を取り上げて、単元全体の展開例、及び本時の展開例を具体的に示していきます。具体的には、第一学年の物語文の単元の構想を例に、単元全体としてはどのように展開するのかについて詳述していきます。

1　単元名　大好きなお話のお気に入りの場面を「マイ吹き出し」で紹介しよう
（第一学年・「読むこと」物語文）

2　単元で指導する主な指導事項

○〔知識及び技能〕(3)エ　読書に親しみ、いろいろな本があることを知ること。
○〔思考力、判断力、表現力等〕「C　読むこと」(1)エ　場面の様子に着目して、登場人物の行動を具体的に想像すること。

3　言語活動とその特徴

「大好きなお話のお気に入りの場面を『マイ吹き出し』で紹介する」という言語活動を位置付ける。「マイ吹き出し」は、白抜きの吹き出し型のカードであり、お気に入りの場面の挿絵の登場人物に当てて会話を想像することを促進するものである。

お気に入りの場面を見付けることで、子供がより自覚的に「場面の様子に着目して」読むことができる。また、「マイ吹き出し」を用いて会話を繰り返し想像することで「登場人物の行動」（ここでは会話行動）を具体的に想像することを確実に実現しようとするものである。

更に様々な本を読み、大好きなお話を見付けることで、「読書に親しみ、いろいろな本があることを知る」ことを実現していくものとなっている。

4　自律的に学び進めるための指導のポイント

本単元では、まず一人一人が大好きな本やその中のお気に入りの場面を選ぶことができるようにする。子供一人一人の読書の実態には大きな差があることから、単元の導入前から丁寧に個に応じて心に残る作品と出合えるように手立てをとる。

　また「マイ吹き出し」を用いて登場人物の会話を想像する際、一年生の発達の段階を踏まえ、何度も繰り返し読み、言語化した上でそれを書き出して紹介できるようにする。子供一人一人の学びのペースを最大限生かして学べるように、「一人で考える」→「ペア交流を繰り返し、言葉を確かなものにする」→「紹介することに向けて書き出す」といった学習のステップを繰り返すとともに、その区切りを弾力化し、子供自身が学びを調整しようとする態度を引き出していく。

　交流などの具体的活動を質の高いものにするために、ペア交流については、モデル動画を活用し、文章を確実に二人で確認して会話を想像し合えるようにする。また、誰とどのくらいの時間交流するかについても、教師側から一律に指示するのではなく、子供自身が学ぶ必然性を意識して学習を判断できるよう、並行読書マトリックスなどを十分に活用していく。なおこうした学習形態については、国語科に加えて他教科等の学習とも関連付けながら習熟を図ってきている。

5　単元の指導計画（10時間扱い）

時	学習活動（○）	指導上の留意点（・）
1	○教師のとっておきの物語の紹介を聞き、「『マイ吹き出し』で大好きなお話のお気に入りの場面を紹介する」という課題をもつ。 ○学習計画を立てる。	・単元の導入前から学級文庫に関連する物語を置き、読み聞かせをしたり、紹介をしたりする。 ・「マイ吹き出しは」入学当初から手持ちにし、絵本を読む際に日常的に使うようにしておく。 ・十分に先行読書期間をとり、導入までにおよそ大好きなお話を選べるようにしておく。 ・既習単元で昔話を紹介したことを想起し、学習の見通しをもたせる。
2	○教科書教材の物語について、お話のお気に入りの場面を探しながら、内容の大体を読む。	・挿絵に「マイ吹き出し」を当てながら、およその内容を把握できるようにする。 ・並行読書マトリックス（一年生が使いやすい形式のもの）を掲示する。

3	4	5
○選んで読んでいるお話の、内容の大体を確かめて、ペアで紹介し合う。	○教科書教材の物語のお気に入りの場面を選ぶ。	○選んだ物語のお気に入りの場面を選ぶ。

・挿絵を手掛かりに、「誰が、どうして、どうなったか」など、内容の大体が分かる場面の挿絵に吹き出しを当てながら読む。
・モデル動画や並行読書マトリックスを使い、ペア交流を繰り返す。
・教科書で学んだことをすぐ次の時間に選んで読んでいる本の読みに生かせるように、以下二時間を一セットにして学習を進める。
・吹き出しを当てながら繰り返し読み、お気に入りの場面を選ぶ。
・全文掲示の好きなところに、名前を書いたシール（大好きシール）を貼り、このシールを手掛かりに相手を選んで交流を繰り返し、物語全体からお気に入りの場面を選べるようにする。
・好きなところを紹介できるように、紹介カードの「お気に入りの場面」を書き出す。
・吹き出しを当てながら物語全体を読み返す。
・好きなところに付箋を貼り更に吹き出しを当てて会話を想像してみる。
・並行読書マトリックスを活用して相手を見付けてペア交流を繰り返し、好きなところを自覚的に捉えられるようにする。

6	7
○教科書教材について、好きな場面のわけをはっきりさせる。	○選んだ物語について、好きな場面のわけをはっきりさせる。（本時）
・好きなところを紹介できるように、紹介カードの「お気に入りの場面」を書き出す。 ・選んだお気に入りの場面を中心に吹き出しを当てて会話や場面の様子を想像してみる。 ・登場人物のしたことや言ったことを基に、好きなわけを考えられるようにする。 ・全文掲示を手掛かりにペア交流を繰り返し、好きなわけをはっきりさせていく。 ・わけがはっきりしたら、好きなわけを紹介できるように、紹介カードの「好きなわけ」を書き出す。	・選んだお気に入りの場面を中心に吹き出しを当てて会話や場面の様子を想像してみる。 ・前時の学習を手掛かりに、登場人物のしたことや言ったことを基に、好きなわけを考えられるようにする。 ・並行読書マトリックスを活用してペア交流を繰り返し、好きなわけをはっきりさせていく。 ・わけがはっきりしたら、好きなわけを紹介できるように、紹介カードの「好きなわけ」を、前時に教科書教材で書いた書き方

8	○教科書教材について、好きな場面に吹き出しを当て、会話を想像する。	もヒントにして書き出す。 ・選んだお気に入りの場面とそのわけを確かめて、吹き出しを当てて会話を想像してみる。 ・全文掲示を活用してペア交流を繰り返し、より確かに会話を想像する。 ・はっきり想像できたと思ったら、吹き出し型のシートに会話を書き出す。
9	○選んだ物語について、好きな場面に吹き出しを当て、会話を想像する。	・選んだお気に入りの場面とそのわけを確かめて、吹き出しを当てて会話を想像してみる。 ・並行読書マトリックスを活用してペア交流を繰り返し、より確かに会話を想像する。 ・はっきり想像できたと思ったら、吹き出し型のシートに会話を書き出す。
10	○選んだ物語について、大好きなお話のお気に入りの場面をマイ吹き出しで紹介し合う。	・縁日方式のブースを作り、何度か発表できるようにする。 ・お互いが紹介し合った物語を読んでみる。

6　本時の指導（本時7／10）

①本時の指導目標

お気に入りの場面の様子に着目して、登場人物の行動や会話を具体的に想像し、好きなわけをはっきりさせることができる。（C(1)エ）

②本時の指導計画

分	学習活動	指導上の留意点（・）と評価規準（◇）
5	1　学習の目当てを確かめる。 選んだお話のお気に入りのわけを、交流してはっきりさせよう。 2　本時の学習の進め方を確かめる。	・「紹介カード」や吹き出しを当てて紹介するモデルを確認し、単元の学習計画表を基に、本時の目当てを端的に確認できるようにする。 ・前時までの進め方と同様であることを確認する。 ・交流のモデル動画で、今日の交流のポイントを確認する。 ☆好きなわけを尋ね合う。 ☆自分も好きなところを話す。

10	3 一人で好きなわけを確かめる。	・選んでいるお気に入りの場面を中心に吹き出しを当てて会話や場面の様子を、声に出して何度も言ってみる。 ・前時の学習で、教科書教材の好きなわけを書き出したことを手掛かりに、登場人物のしたことや言ったことを基に、好きなわけを考えられるようにする。 (例)……と言っているから優しいなと思ったよ。 (例)……しているのが楽しそうで、私もしてみたいなと思ったよ。
35	4 相手を選んで交流を繰り返し、好きなわけをはっきりさせていく。	・時間の区切りは設けず、もう交流したいと思ったら交流に移る。 ・必要に応じて「じっくり考え中」の立札も活用する。 ・「同じお話を読んでいる友達と交流したい」「違うお話を選んでいる友達と交流したい」といった目的をもって並行読書マトリックスを活用し、ペア交流を繰り返していく。 ・ペアを組んだら空いている席に横並びに座り、真ん中に本を置いて好きな場面を開き、叙述を二人で指さして声に出して読んでからやり取りする。終わったら再びマトリックスで相手を見付けて交流を繰り返す。 ・わけがはっきりしてきたら、わけを書き出しやすいように「書

40	5 好きなわけをカードに書く。	く時の言葉」で紹介してみる。 ・もう大丈夫と思ったら、子供たちの判断で自席に戻り、好きなわけを紹介できるように、紹介カードの「好きなわけ」を、前時に教科書教材で書いた書き方もヒントにして書き出す。 ・いざ書こうとすると言葉が思い付かない子供には、「もう一度話してごらん」と促す。 ◇お気に入りの場面の様子に着目して、登場人物の行動や会話を具体的に想像し、好きなわけをはっきりさせている。(C⑴エ)
43	6 学習の振り返りをする。	・学習計画表を基に、次時以降の学習を見通し、頑張りたいことややってみたいことを話し合う。

第2節
ICTをフル活用し学習進行を自らデザインする学習
（高学年・書くこと）

▼事例の概要

ロングレンジの学習活動を支えるツールとしてICTを十二分に活用し、個別最適な学びを展開する、高学年の書くことの事例を紹介します。意見を述べる文章のなかでも提案文を取り上げ、子供たち自身が「情報の収集」「構成」「記述」などの過程を、自己調整を図りながら学び進めていく事例です。書くことの学習はこれまでも個人差に対応することが課題とされてきましたが、その解決策の一つとなるものです。

1　単元名　委員会の活動を提案しよう

（第六学年・「書くこと」）

2　単元で指導する主な指導事項

○〔知識及び技能〕(2)イ　情報と情報との関係付けの仕方、図などによる語句と語句との関係の表し方を理解し使うこと。
○〔思考力、判断力、表現力等〕「B　書くこと」(1)ア　目的や意図に応じて、感じたことや考えたことなどから書くことを選び、集めた材料を分類したり関係付けたりして、伝えたいことを明確にすること。

3　言語活動とその特徴

「委員会活動の取組を、提案文に書いて校内に提案する」という言語活動を位置付ける。所属する委員会の提案を分担して一人一人が提案文に書きまとめ、実際に提案文に基づいて校内で実行してもらおうとするものである。こうした場の設定により子供たちの書く必然性を高め、「目的や意図」をより明確にもって学習を進められるようにすることができる。また提案文は、現状と課題を踏まえた提案理由や、それを解決する具体的で実現可能な提案内容にすることが求められる。このことにより、「情報と情報との関係付けの仕方」を認識したり、それらを「分類したり関係付けたりして、伝えたいことを明確に」したりすることができる。

4　自律的に学び進めるための指導のポイント

書くことにおいて個別最適な学びを実現する上では、一人一人が強く「書きたい」「伝えたい」と実感できる題材を選定できるようにすることが重要である。そこで、最高学年として、委員会活動の内容を校内に提案し、実行してもらうという学習場面を設定した。またその際、一人一人の書く能力を確実に育成できるよう、グループではなく一人一人が責任をもって提案する文章を書くこととした。

書くことの過程は、一般的には課題の設定─情報の収集（取材）─構成─記述─推敲─発信・共有といった過程が想定されるが、実際には必ずしもこの通り進むわけではない。例えば構成を明確にしてから必要な情報を取材するといったことも当然想定される。またそれぞれの過程で要する時間も一律ではない。これまでの指導では、一律に学習を進めることで、子供が待つ時間が長くなったり、反対に時間をかける必要のある場面で時間を十分確保できなかったりすることがあった。

そこで本単元では、それぞれの過程を柔軟に設定し、子供自身が見通しをもって書くことができるようにする。その際、最終的に提案する期日を明確に決めることで、逆算して各単位時間の学習の見通しを明確にもてるようにした。

5　単元の指導計画（7時間扱い）

時	学習活動（○）	指導上の留意点（・）
1	○「校内のみんなに協力して取り組んでもらえる委員会の活動を、提案書で提案する」という学習の目当てを設定する。 ○「提案文」の特徴を把握する。	・学年として、各委員会で協力を呼び掛けて提案する活動を行うことを共通理解できるようにしておく。 ・第一時の導入後、次の第二時までに一週間程度インターバルを置き、委員会活動と連携し、各委員会内で一人一人がどのような提案を行えそうかを考える期間をとる。 ・主張文など他の意見文との比較や、提案スピーチの学習経験を振り返り、提案文で提案する際に押さえるべき点を確かめる。 □現状と課題などを踏まえて、提案の理由が明確なものとなっていること。 □提案内容は具体的、かつ実行可能なものとなっていること。 □提案した場合のメリットなどが具体的に書かれていて、提案内容の実行を読み手に促すものとなっていること、など。
2	○最終的に提案する期日を確かめ、学級全体の単元の学習計画を立てる。 ＊末尾の単元の学習計画表（例）参照。 ○同じ委員会のペア・グループで互い	・まず一度提案文を文章に書き出してみた上で、提案の根拠となる資料がもっと必要、といったことを明らかにする。 ・これまでの書くことの学習を振り返り、情報収集、構成、記述などの過程を押さえた上で、自分はどの手順で学習を進めてい

6・5・4・3

の学習計画を説明し合い、計画の妥当性を検討する。

○ICTを用いて、各自が考えた学習の進め方を教師のPCに送る。

○各自の学習計画に基づき、提案文作成を進める。（本時4／7）

（情報の収集）

・提案理由となる状況が分かる写真を選んだり、アンケート調査をグラフ化したりする、など。

（構成）

・タブレットで構成メモを作成する。

（「現状と課題」―「提案の具体的内容」―「提案を実行することによる

くかについて、およその見通しを立てる（例：まず構成を考えてから、材料を集め、記述する。下書きを一通りワープロソフトで書き出してみて、不足している情報を補ったり、構成を整理したりする、など）。

・基本的に学習の進め方は各自の提案内容等に基づいて考え、統一はしなくてもよいことを確認する。

・最終的に提案する期日を明確にすることで、学習の進め方を自己調整しやすくする。

・単位時間の初めに、本時の各自の目当てをICTで教師のPCに送る。教師はその情報を基に子供個々の状況を把握する。

・学習は基本的にICTを用いて進める。その際、書いたものを容易に修正したり、付箋を動かして構成上の順序を変えたり、グラフ化したりするなど、ICTを使うことで国語科としての学習を効果的・効率的に進められる使い方を意識できるようにする。

・学習が孤立したものにならないよう、学級内の同じ委員会ごとのペア・グループの座席配置とし、随時情報交換できるようにする。

7	メリット」など） （記述） ・タブレットで文字入力する（必要に応じて文章の構成などを容易に組み替えることができるようにする）。 （推敲） ・自分でも読み返すとともに、同じ委員会の他のメンバーに読んでもらい、提案の意図が伝わるものとなっているかを確かめたり、他の委員会の友達に読んでもらい、提案内容が具体的で実行可能なものとなっているかどうかについて意見をもらったりする。 〇完成した提案文を他の委員会の友達に読んでもらい意見をもらう。 ・提案理由は提案を受ける学年等の子供たちにも理解できるものか。	・学級全体の学習計画表（次頁参照）を掲示することで、常に最終的に提案する期日を意識し、そこから逆算して見通しをもって学習を進められるようにする。 ・必要に応じて学年の他のクラスの同じ委員会のメンバーと、対面やＩＣＴ上で情報交換できるようにし、実際の委員会の提案として、無理や重複がないように確認しながら学習を進められるようにする。 ・必要に応じてＩＣＴの機能を用いて文章を推敲していく。 ・完成した提案文を、計画していた期日に実際に提案する相手に届ける。 ・委員会活動と連携を図り、実行している様子を確認したり、実行した感想を聞いたりする。

・提案内容は具体的で実行可能か。
・提案を実行した際のメリットは伝わるか、など。
○実際の提案方法や提案の場面を確認し、学習のまとめと振り返りを行う。

・完成した提案文は、個人情報に配慮しつつデータとして保存しておき、各自の学びの足跡としたり、次年度の六年生の学習のモデルとしたりする。

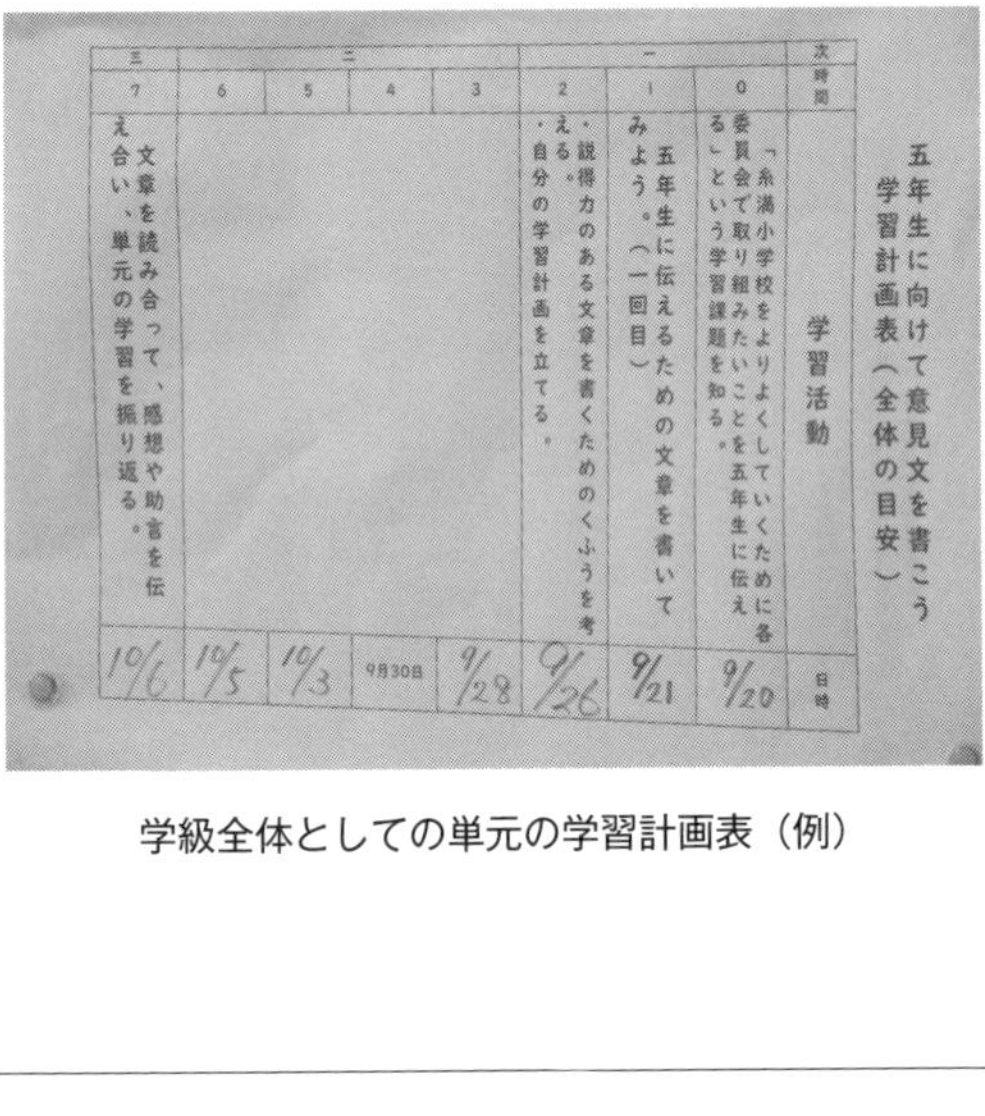
五年生に向けて意見文を書こう
学習計画表（全体の目安）
次
時間
学習活動
日時
一
0
「糸満小学校をよりよくしていくために各委員会で取り組みたいことを五年生に伝える」という学習課題を知る。
9/20
1
五年生に伝えるための文章を書いてみよう。（一回目）
9/21
2
・説得力のある文章を書くためのくふうを考える。
・自分の学習計画を立てる。
9/26
二
3
9/28
4
9月30日
5
10/3
6
10/5
三
7
文章を読み合って、感想や助言を伝え合い、単元の学習を振り返る。
10/6
学級全体としての単元の学習計画表（例）

6　本時の指導（本時4／7）

①本時の指導目標

　提案する目的や意図に応じて、集めた材料を分類したり関係付けたりして、伝えたいことを明確にすることができる。（B(1)ア）

②本時の指導計画

分	学習活動	指導上の留意点（・）と評価規準（◇）
	1　学習の目当てを確かめる。	・学級全体の学習計画表と自分の学習計画表を確認しながら、本時は何をどこまでできればよいのか確かめ、自分の学習の目当てを設定する。
	よりよく提案できるように、自分が立てた学習の目当てを達成しよう。	
		・各自の目当ては、ICTで教師のPCに送り、教師が子供個々の目当てを把握するとともに、大型モニターで提示し、交流の際の手掛かりとする。
5	2　本時の学習を進める。	・タブレットを用いて、情報の収集、構成の検討、記述など、各

40	
3　学習を振り返り、次時の学習内容を計画する。	自の計画に基づき学習を進められるようにする。 ・随時情報交換しながら学習を進められるよう、同じ委員会に所属する子供同士でペアないしはグループを組む座席配置とする。大型モニターの情報も交流相手を判断する際に活用する。 ・教師は机間指導を重点的に行い、目的や意図に応じた情報収集やその情報を生かした構成、記述となっているかを把握し、指導する。 ◇提案する目的や意図に応じて、集めた材料を分類したり関係付けたりして、伝えたいことを明確にしている。（B⑴ア） ・第三～六時にこの評価規準により指導と評価を繰り返していく。

第3節　年間を通し、多様な学習経験を踏まえた自律的な学習
（高学年・読むこと）

▼事例の概要

子供たち一人一人が、単元の学習の進め方全体を自律的に判断して学び進める第五学年の読むことの事例です。ここに示すような実践に至る前提として、年間を通してロングレンジで学ぶよさを各単元で十分に積ませるとともに、教科書教材と並行読書作品の学習の様々な組み合わせ方の単元の学習を多様に積ませることが必要になります。そのような学習経験を生かすことができれば、子供たち自身が既習経験を踏まえて学習をデザインすることも可能になります。

1　単元名　「マイ後書き」で作品の魅力を解説しよう

（第五学年・「読むこと」物語文）

2　単元で指導する主な指導事項

○〔知識及び技能〕(3)オ　日常的に読書に親しみ、読書が、自分の考えを広げることに役立つことに気付くこと。

○〔思考力、判断力、表現力等〕「C　読むこと」(1)エ　人物像や物語などの全体像を具体的に想像したり、表現の効果を考えたりすること。

3　言語活動とその特徴

「椋鳩十作品から心に響く作品を選び、その魅力を『マイ後書き』で解説する」という言語活動を位置付ける。心に響く作品の魅力を明確にし、そのよさを解説するためには、椋鳩十作品に共通する描写の特徴や物語の全体像を明らかにしたり、その作品に固有の表現の効果や人物像などを明確にしたりすることが必要になる。また、作品の魅力を解説したり、互いが選んだ作品の魅力を伝え合って更に読書したりすることによって、読書が自分の考えを広げてくれるものであることにも気付くことができる。

4　自律的に学び進めるための指導のポイント

椋鳩十作品を多読するなかで、心に強く響く作品を一人一人が選ぶことで、学びの必然性が高まる。また子供たちは本単元の学習までに、「教科書教材でひとまとまりの言語活動を行い、それを生かして並行読書材で言語活動を行う」タイプの学習や、「教科書教材の読みと並行読書材での読みをセットにし、スモールステップで言語活動を進める」タイプの学習などを経験している。この学習経験から、「『マイ後書き』で自分が選んだ作品の魅力を解説する」ことに向けて、ある子供は「まず（教科書教材である）『大造じいさんとガン』で『マイ後書き』にまとめてみてから、自分が選んだ作品も更によく読んで同様にまとめたい」と考えたり、またある子供は「まず自分の選んだ作品の魅力をじっくり読んで確かめてから、『大造じいさんとガン』で『マイ後書き』のまとめ方を確かめて、自分の選んだ作品の魅力を解説できるようにしたい」「両方をセットにしてステップを踏んで進めていきたい」などと考えたりしている。

子供たちの意識や読む能力の実態の多様さにも対応できるよう、本単元では各単位時間に、一人一人の学ぶ内容を決めたり、時間の終わりには次時にどのように学び進めるのかを情報交換できるようにしたりするなどして、一層自律的に学ぶことができるよう手立てを講じる。

5　単元の指導計画（9時間扱い）

時	学習活動（○）	指導上の留意点（・）
1	○既習内容を想起し、物語を読む面白さを話し合ったり、椋鳩十作品や作者の紹介を聞いたりし、「『マイ後書き』で椋鳩十作品の魅力を解説しよう」という目当てを設定する。 ○学習のゴールの姿である「マイ後書き」の魅力解説のモデルを基に、学級全体の単元の学習計画を立てる。	・学年の本棚に、椋鳩十作品コーナーを特設し、幼年童話も含めて揃え、先行読書期間を設ける。 ・子供の状況を把握し、心に響く作品を見付けられるようにする。 ・既習の学習では、自分がどのような並行読書作品を取り上げ、どのような面白さを感じて紹介、推薦してきたかを想起できるようにする。その際、作成してきたリーフレット型ツール等はタブレットに写真等で格納しておき、いつでも学習履歴を具体的に振り返りやすいようにしておく。 ・「マイ後書き」の構成は、 ①心に残る場面を軸にしたあらすじ ②作者の紹介や作者への思い ③作品の魅力 ④魅力がどこからくるのかを解説 （③、④の組み合わせで複数の魅力を解説してもよい） ⑤他の読者へのメッセージ とし、学習の見通しを具体的にもてるようにする。

2	○学級全体の学習計画を用いて、自分の学習の進め方について見通しをもつ。	・椋鳩十作品の本の後書きも読んでみて、魅力の解説について、具体的なイメージをもてるようにする。 ・既習単元の学習の進め方として、 ①「教科書教材でひとまとまりの言語活動を行い、それを生かして並行読書材で言語活動を行う」タイプ ②「教科書教材の読みと並行読書材での読みをセットにし、スモールステップで言語活動を進める」タイプ を経験したことを振り返り、自分の学習の進め方を考えられるようにする。
3・4・5・6・7	○各自の学習計画に基づき、魅力の解説に向けて学習を進める。 (進め方の例) ・教材文の魅力を「マイ後書き」にまとめた後、選んだ作品もよく読み同様に魅力を解説する。 ・選んだ作品の魅力をじっくり読んで確かめてから、教材文で「マイ後書き」のまとめ方のポイントをつかみ、	・単元を通して単位時間の目当てと振り返りを書くシートを用意し、単位時間の導入時に、各自の学習の目当てを記載できるようにする。 ・単元の学習期間中は、家庭学習とも連携を図りながら、「大造じいさんとガン」や選んだ作品を読み、作品の魅力を強く感じられるようにする。 ・既習単元での学習を基に、魅力の理由として、 □登場人物の相互関係の面白さ □主人公などの気持ちの変化

更に自分の選んだ作品の魅力を解説し「マイ後書き」にまとめる。

・両方をセットにして「内容の大体を把握する」「魅力を見付ける」「魅力の理由を明らかにする」「作者への思いなどをまとめる」というステップを踏んで進めていく。

○ペア交流で情報交換をしながら学習を進める。（本時5／9）

○単位時間の終わりには振り返りを書く。

□登場人物の性格や言動の面白さ
□場面に描かれた情景の美しさやそこから感じられること
□自分自身の体験との結び付きから強く感じられること
□声に出して読んだ時のリズム感

などがあることを手掛かりに、魅力の理由を明らかにして、解説していく。

・「大造じいさんとガン」を読んだら、全文掲示に心に残ったことやそのわけを書いた付箋を貼っていく。

・全文掲示や並行読書マトリックスを活用して、十分にペア交流を行う。

・常に全文シートや本のページの叙述を基に、自分の課題意識を明確にして情報交換し、「マイ後書き」での魅力解説につながるようにする。

・他の作品を選んでいる子供とも交流することで、椋鳩十作品に共通する魅力や、選んでいる作品に固有の魅力を明らかにできるようにする。

・学級全体の学習計画表は、国語の時間は教室前方に置いた移動可能なホワイトボードに掲示する。このことで、次時はどう学

8	○次時はどのように学び進めるのかを見通して、学級全体の学習計画表の該当箇所に、磁石に名前を書いたプレートを移動する。 ○選んだ作品の「マイ後書き」を完成させる。	び進めるのかなどについて自然に情報交換できるようにする。 ＊写真参照。 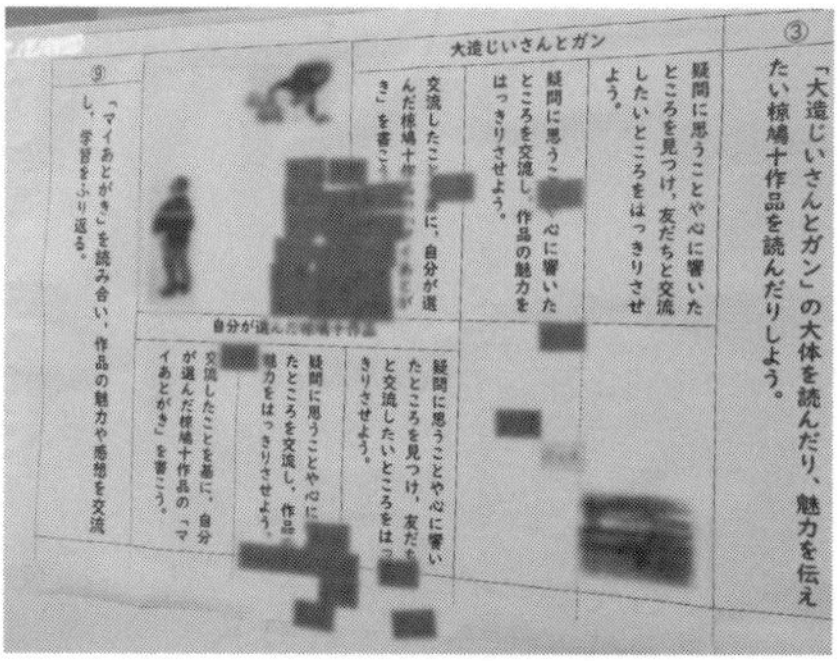 子供が判断して学び進める単元の学習計画表(例) ・同じ作品を読んでいる子供同士で「マイ後書き」の内容を作品の叙述と併せて確認し合い、作品の魅力やその理由が明確に伝わるものとなっているかどうかを相互評価する。

9	○「マイ後書き」と作品を交流し、学習のまとめと振り返りを行う。	・並行読書マトリックスに記した選定作品の情報を基にいくつかのブースに分かれて魅力を解説し合う。 ・友達が選んだ作品を読んだり、自分が選んだ作品を再読したりする。 ・完成した「マイ後書き」は、個人情報に配慮しつつデータとして保存し、各自の学びの足跡としたり、次年度の五年生のモデルとしたりする。

6 本時の指導（本時5／9）

①本時の指導目標

「マイ後書き」を書くことに向けて椋鳩十作品を読み、複数の叙述を結び付けながら人物像や物語の全体像を具体的に想像したり、表現の効果を考えたりして作品の魅力を解説することができる。（C(1)エ）

②本時の指導計画

分	学習活動	指導上の留意点（・）と評価規準（◇）
	1 学習の目当てを確かめる。	・単元の学習計画表（前掲の写真参照）を基に、学級全体の目当

時間	学習活動	指導上の留意点
		て自分の目当てを確かめられるようにする。
	「マイ後書き」で物語の魅力を伝え合うために、疑問に思うことや心に響いたところを交流し、作品の魅力をはっきりさせよう。	
5	2 椋鳩十作品についての、魅力解説に向けた自分の目当てを確かめる。	・本時の自分の目当ての達成に向けて、何をはっきりさせたいのか、そのためどのような相手と交流する必要があるのかを見通せるようにする。
10	3 交流目的がはっきりできたらペアで交流し、魅力やそのわけを明らかにする。	・「大造じいさんとガン」で魅力解説のポイントを学ぶのか、選んだ作品の魅力をつかむのかなど、各自の見通しに基づきペア交流を中心に学習を進める。 ・「大造じいさんとガン」は全文掲示、選んだ作品は並行読書マトリックスをそれぞれ活用して交流相手を判断する。 ◇人物像や物語の全体像を具体的に想像したり、表現の効果を考えたりして作品の魅力やそのわけを明確にしている。(C(1)エ)
35	4 考えが明確になったら、「マイ後書き」シートに書き出す。	
40	5 次時の学習の見通しを立てる。	・学習計画表を基に、次時以降の学習を見通し、取り組む内容を決める。

【著者紹介】
水戸部　修治（みとべ　しゅうじ）
京都女子大学教授。
小学校教諭，県教育庁指導主事，山形大学地域教育文化学部准教授等を経て，文部科学省初等中等教育局教育課程課教科調査官，国立教育政策研究所教育課程研究センター総括研究官・教育課程調査官・学力調査官，平成29年４月より現職。専門は国語科教育学。平成10・20年版『小学校学習指導要領解説国語編』作成協力者。主な著書に，『小学校国語科　ICT＆１人１台端末を活用した言語活動パーフェクトガイド』，『評価規準作成から所見文例まで丸ごと分かる！小学校国語新３観点の指導と評価パーフェクトガイド』，『教材研究から学習指導案まで丸ごと分かる！小学校国語科　研究授業パーフェクトガイド』，『小学校　新学習指導要領　国語の授業づくり』，『平成29年版小学校新学習指導要領の展開　国語編』（明治図書）などがある。

国語授業の「個別最適な学び」と「協働的な学び」
主体的な学びを支える「ロングレンジ」の学習活動

2023年４月初版第１刷刊　©著　者　水　戸　部　修　治
2024年９月初版第４刷刊　発行者　藤　原　光　政
発行所　明治図書出版株式会社
http://www.meijitosho.co.jp
（企画）木山麻衣子（校正）丹治梨奈
〒114-0023　東京都北区滝野川7-46-1
振替00160-5-151318　電話03(5907)6702
ご注文窓口　電話03(5907)6668
＊検印省略　組版所　株式会社アイデスク

Printed in Japan　ISBN978-4-18-361226-7